LEVEN ALS JARMUND

D1392723

MARIANNE ZWAGERMAN

Leven als Jarmund

AMSTERDAM · ANTWERPEN

2014

Q is een imprint van Em. Querido's Uitgeverij bv, Amsterdam.

Copyright © 2014 Marianne Zwagerman
Voor overname kunt u zich wenden tot
Em. Querido's Uitgeverij bv, Singel 262, 1016 ac Amsterdam.

Omslag Esther van Gameren
Foto auteur Hermien Lam

isbn 978 90 214 5595 2 / nur 301
www.uitgeverijQ.nl

Want je wilt niet terug
Je wilt verder
Naar waar je nog niet was

Inhoud

Proloog

De oceanen zitten vol eenzame selfmade miljonairs. Mannen die hun bedrijf verkochten, een zeilboot lieten bouwen en nu de wereld rond varen. Dat doen ze met hun tweede vrouw, de eerste kochten ze jaren daarvoor al af met een mooie regeling.

Het huwelijk met die tweede vrouw ging goed omdat zij een fijn leven leidde en hij aan het werk was. Maar nu moet ze mee op een boot. Haar comfortabele bestaan vol vriendinnen en gezelligheid laat ze gedwongen achter. Want ze moet de wereld over varen. Dat gaat drie maanden goed, soms vier. En dan rent ze gillend van boord, terug naar huis.

Maar de man gaat door. Hij is miljonair geworden omdat hij gewend is zijn doelen te halen. *Stick to the plan*. Hij vertrok na een groot feest in de haven waar zijn boot werd gedoopt. Zijn gehele vrienden- en kennissenkring was erbij en dronk dure champagne op zijn kosten. Ze bewonderden zijn moed en waren jaloers op zijn besluit om op avontuur te gaan. Na een paar maanden alweer terugkeren was geen optie.

Het eerste halfjaar is hij nog niet eenzaam. Hij laat al zijn vrienden invliegen. Hij doet mee aan de Heineken-regatta bij Sint-Maarten en huurt een crew in, want hij wil winnen. Het leven is nog leuker dan het was toen zij nog aan boord was. De vrienden verliezen langzamerhand hun interesse.

Een keertje komen zeilen was leuk, maar het moet niet op werk gaan lijken. Ze hebben ook hun eigen levens, met gezinnen en hobby's. Er is geen weg terug voor de zeilmiljonair, ook al is de weg vooruit een eenzame. Dus ploetert hij hardnekkig door over de wereldzeeën.

Ik kwam Jarmund tegen in de Caraïben. De Noorse miljonair die vastberaden was om zeilend de oversteek via Zuid-Amerika naar de Zuidpool te maken. En hij vroeg of ik meeging.

De vraag laat me niet meer los. Waarom eigenlijk niet? Wat houdt me tegen? Wat zal ik doen? Stap ik aan boord? Of vecht ik nog één keer voor mijn Grote Liefde? Dat liefde soms werkt als een gif wist ik toen nog niet. Je kunt allergisch zijn voor liefde; ze kan zelfs dodelijk zijn.

Hoe komt het dat selfmade miljonairs de oceanen bevolken? Waarom gaan ze zeilen?

Ze zijn de winnaars van de evolutie. De dagelijkse krachtmetingen met hun gelijken winnen ze jaar in jaar uit. Zij komen bovendrijven en de uitdaging in het zakenleven neemt steeds verder af, in de wijde omgeving is er niemand meer om zich mee te meten. Zakelijke successen worden zo gewoon als een gelukte bruidstaart voor een banketbakker.

De strijd met de natuur lonkt. Zeilen biedt de selfmade miljonair een waardige tegenstander. Zoals het gedrukt staat op mijn Helly Hansen-zeiltas, de strijd 'between human will and nature's force'.

Zeilen gaat meestal goed, maar het kan fout lopen. Zoals

elke visser de grootste snoek vangt net als hij alleen op pad is zonder camera, heeft elke zeiler de gevaarlijkste storm overleefd. De bijna-doodervaringen maken dat je intenser leeft. Elke klap van het zeil zorgt voor leven in het nu, zonder spiritueel gezwets, want daar zijn ze niet van. Selfmade miljonairs zijn daadkrachtige mensen, ze weten waar ze naartoe willen en zorgen dat ze er komen. Zeilen lukt niet zonder deze eigenschap. Je pakt een stip op de horizon en koerst daarop aan, ongeacht de richting van de wind. Je hebt je wilskracht, zelfvertrouwen en inventiviteit nodig om de wind voor je te laten werken.

Maar waarom zou ik meegaan met zo'n eenzame zeerover? Nog niet zo lang geleden had ik een hekel aan zeilboten. En nu spoken jaren durende zeiltrips door mijn hoofd als een serieus toekomstscenario. Wat is er veranderd?

Ik heb me tijdens mijn recente zeezeilreizen gerealiseerd dat niets meer vrijheid geeft dan zeilen. Er is geen fijnere manier van reizen. Je komt op plaatsen die je via de fraaiste kant bereikt. Het lelijkste water is mooier dan de mooiste weg.

En je bent op weg ergens naartoe. Als je langs de Spaanse zuidkust vaart kijk je met verbazing naar de eindeloze rijen vakantieappartementen en hotels die je passeert. Wat doen die mensen daar de hele dag? Hoe saai moet het zijn om twee weken op dezelfde plek te zitten tijdens een vakantie? Gewone vakanties zijn als wonen in een vriendelijke Vinexwijk. De barman weet je naam en je favoriete drankje. Je sjokt dagelijks via dezelfde route naar het strand. En meer opwinding dan één keer per week het nieuwe mannen- of vrouwenvlees keuren dat Transavia aanvoert valt er niet te verwachten.

Op een zeilboot lijkt niets op je leven thuis. Het leven loopt langs andere parameters. Zaken als kracht en richting van de wind worden ineens het belangrijkste. Je hebt te maken met schaarste, aan drinkwater, aan stroom, aan gekoeld voedsel, aan internetbandbreedte, aan schone handdoeken. Na een verre reis naar bijvoorbeeld China verkeer je in een andere cultuur, maar sommige dingen zijn toch hetzelfde als thuis. Je slaapt in een bed en je rijdt in een auto of op een fiets. Op een zeilboot loop je niet eens. Je klautert als een aapje van handvat naar trapje, naar reling, naar *lifeline*. Zelfs begrippen als links en rechts bestaan niet meer. Ze zijn overgenomen door stuurboord en bakboord en loef- en lijzijde.

Dat alles zorgt ervoor dat je in een andere realiteit gaat leven. Niets van wat je gewend was dagelijks te doen lijkt nog belangrijk.

Soms is het hard werken op een boot; blaren op je handen van het trekken aan de lijnen en brandende spieren van het binnenlieren van het zeil. Werken om je doel te bereiken zorgt voor gelukshormonen. Als je met de auto eenmaal op plaats van bestemming bent aangekomen ben je gebroken en afgestompt. De zeiler komt gebruind, verwaaid en totaal ontspannen de haven binnen. Zelfs de meest rusteloze ADHD'er kijkt na een paar uur zeilen stil en gelukzalig voor zich uit, dromend over wat er na de grote klif komt die in de verte uit zee opdoemt en turend naar dolfijnen en walvissen

die zomaar langszij kunnen komen. Zeilen zet aan tot mij-
meren. Geen geluid dat afleidt en de rust verstoort. Je hoort
de wind, het gekraak van de lijnen en de golven die langs de
boeg rollen. De stilte die je overvalt op het moment dat je de
haven uit vaart, de zeilen hijst en de motor uitzet is onbe-
schrijfelijk verrukkelijk.

Met zeilen ben je afhankelijk van de natuur. Wij moder-
ne mensen zijn die afhankelijkheid niet meer gewend. Het
maakt je nederig. Je bent je veel meer bewust van de kracht
en onvoorspelbaarheid van de elementen. Het mooiste, het
allermooiste gevoel is als je op het bankje in de kuip of aan
het dek ligt, de zon op je gezicht, je ogen dicht. Het voelt
alsof moeder aarde je in haar armen optilt en zachtjes heen
en weer wiegt.

1 Onverschrokken

'Waar ga jij kerst vieren?' vraagt mijn kapster geroutineerd. In de spiegel zie ik haar afwachtende gezicht, blijkbaar wordt dit hét thema tijdens deze knipbeurt, dus ik kan me er niet met een gemompeld antwoord van afmaken. Bovendien heb ik een hardnekkig soort overtuigingsdrang sinds ik mij voornam om schaamteloos en onverschrokken te leven, dus ik leg uit dat ik atheïst ben en geen kerst vier.

Dat vindt ze maar vreemd. 'Ik ben ook niet gelovig, maar kerst is toch hartstikke gezellig! Heb je ook geen boom dan?'

Mijn vraag of ze dan ook het Offerfeest en Chanoeka viert begrijpt ze niet helemaal.

'Ik doe al jaren niet meer aan verplichtingen zoals zogenaamde feestdagen en verjaardagen,' zeg ik stellig.

Ze kijkt me een beetje afgunstig aan. 'Kom je daar dan nooit mee in de problemen?' wil ze weten. 'Mijn moeder zou nooit accepteren dat ik niet langskom met Kerstmis. Het lijkt me wel heerlijk om eens gewoon thuis te blijven. Zeker dit jaar, mijn zoontje is nog maar vier maanden oud. En kerst is voor ons altijd zo'n drukke tijd in de kapsalon. Ik moet die twee dagen eigenlijk gewoon uitrusten. Maar ja, er is besloten dat ik dit jaar het voorgerecht moet maken voor het familiediner.' Ze zucht er even diep bij.

'Blijf toch lekker thuis,' druk ik haar op het hart. 'Waarom zou je moeder dit jaar niet eens bij jou komen, je alles uit handen nemen en je in de watten leggen? Dat verdien je nu je net na de bevalling alweer hard aan het werk bent.'

Ik vertel haar over de twintig Kerstmissen die ik doorbracht met mijn schoonfamilie, waar ik helemaal niets mee had. Het was ook nog eens een gebroken familie. Dat betekende eerste kerstdag naar mijn schoonmoeder met haar tweede man. En tweede kerstdag naar mijn schoonvader met zijn tweede vrouw. Op beide bijeenkomsten was dan ook nageslacht aanwezig waar mijn toenmalige man niet eens een band mee had.

'Waarom zat ik twintig jaar ongemakkelijk aan de kerstdis met mensen die waarschijnlijk allemaal liever ergens anders waren? Waarom doen mensen elkaar dat aan?' vraag ik meer aan mezelf dan aan de kapster.

'Weet je wat het is,' zeg ik, 'uit angst om later alleen te zijn als je iemand nodig hebt, verplichten we elkaar nu tot bijeenkomsten waar we liever niet naartoe willen en die ook gewoon niet leuk zijn. De leukste gebeurtenissen zijn altijd spontaan en vaak zelfs met mensen die je nog niet kende. Ik heb de angst voor eenzaamheid afgeschaft. Ik woon al een tijd alleen, maar ben nooit eenzaam. En ook al ben ik nog niet bejaard, door een chronische ziekte ben ik soms wel hulpbehoevend.

En dan blijken er altijd wel mensen voor je te zijn, als je ze echt nodig hebt. Dat zijn nooit de mensen die je verplichten op hun verjaardag te komen of een hele kerstdag bij ze door te brengen.'

Van de mensen die dat twintig jaar lang bij mij deden heb

ik nooit meer iets gehoord, denk ik er nog achteraan. En gelukkig, hoor, dat deel van mijn leven ligt achter me. En dat voelt als een bevrijding.

Ik zou mijn plannen tegenwoordig nooit meer aanpassen om te voldoen aan verwachtingen van andere mensen.

En dus zit ik dit jaar met kerst op een zeilboot in de Caraïben. De afgelopen zomer deed ik voor het eerst mee aan een meezeilvakantie in Griekenland en dat smaakte naar meer. Meezeilen is met een groepje onbekende mensen op een bootje stappen van een meter of vijftien. En dan een week of langer van eiland naar eiland varen. Dat is verslavend leuk als je van zon en avontuur houdt.

Op 24 december stap ik in het vliegtuig naar Guadeloupe, op Schiphol uitgezwaaid door mijn grote liefde Alec. Toen ik deze reis boekte was het weer eens uit met hem, maar we vonden elkaar terug en hebben zojuist een paar geweldige weken achter de rug. Ik heb nog nooit in mijn leven zoveel van een man gehouden als van deze zeerover met zijn lange lijf en warrige donkere krullen. Het doet me pijn om hem achter te moeten laten. Ik heb zelfs al een beetje spijt dat ik deze reis heb geboekt. Ik verheug me er weliswaar op om op avontuur te gaan, maar voel me in het vliegtuig verloren. Mijn hart blijft bij Alec achter. Ik wil nog niet weg uit de gelukkige flow waarin ik met hem zat.

Eenmaal geland op het Antilliaanse stukje Frankrijk kijk ik verbaasd door het vliegtuigraampje. Het regent! Regen? Daar had ik geen rekening mee gehouden! Ik kom er al snel achter dat regen in de Caraïben net zo normaal is als in Nederland. Maar wel heel anders. Korte hevige buien vormen de straatjes om tot kolkende rivieren. Even later doet de brandende zon de bui alweer vergeten. Er is ook geen rastaman die zich er druk over maakt. Sterker nog, ze zien het als een zeer welkome onderbreking van hun werk. Nederlanders fietsen stug door in hun regenpak en bouwvakkers hebben doorwerkpakken zodat de bouw nooit stilvalt, hoe erg het weer ook is. Zo niet in de Caraïben, waar iedereen lijkt te denken dat je ter plekke oplost als je met water in aanraking komt. Elke bui wordt aangegrepen om te schuilen onder een palmboom, een joint te rollen en het leven uitvoerig door te nemen met lotgenoten.

Op het vliegveld van Guadeloupe ontmoet ik mijn medepassagiers. Een van de avonturen van zo'n zeilreis is dat je de mensen niet kent met wie je, in mijn geval twee weken, op een heel klein oppervlak gaat leven. Mensen aan wie je niet meer kunt ontsnappen, want zomaar even afstappen gaat niet. Soms zelfs dagenlang niet, als je overnacht in baaitjes waar de boot voor anker gaat. Op mijn boot passen acht tot tien passagiers, heb ik in de brochure gelezen.

Bij de taxichauffeur die het bordje CARIBSAILING op het vliegveld omhooghoudt maak ik kennis met het Belgische koppel Kim en Gilbert. Het is vriendschap op het eerste gezicht. Kim is een oogverblindende blonde vrouw met het figuur van een *Playboy*-model en Gilbert haar relaxte, trotse man. We vallen elkaar lachend in de armen en weten direct: dit gaat een mooie reis worden.

Kim en Gilbert blijken de Vlaamse schipper al te kennen

en weten dat er weinig passagiers zijn op deze reis; wij drieen en een Nederlandse vrouw die gisteren al arriveerde. We zijn dus maar met zijn vijven aan boord, inclusief de kapitein. Dat is alvast een meevaller, met meer mensen wordt het proppen op zo'n boot.

Een kort taxiritje brengt ons naar de haven. We zien een stukje van het prachtige eiland en het nut van de regenbuien wordt ons meteen duidelijk, groene heuvels en schitterende natuur zo ver je kunt kijken.

Op zoek naar onze boot komt de schipper ons op de steiger al tegemoet gestuiterd, bomvol charme en enthousiasme. Weer een meevaller. Geen oude zeebonk maar een knappe blonde zeerover van mijn leeftijd. Ik twitter direct enthousiast dat de kapitein levensgevaarlijk is op alle fronten en dat blijkt een juiste eerste indruk. Aan boord ontmoet ik Esther, een leuke blonde Nederlandse vrouw, ik blijk mijn hut met haar te delen. Ze wijst me vriendelijk de weg en helpt me met het uitpakken van mijn reistas. Ik heb het getroffen met mijn zeilmaatjes, dat weet ik nu al zeker.

Kapitein Rob zal later vertellen dat hij zich ook direct op zijn gemak voelde bij zijn nieuwe bemanning.

'Soms heb ik groepen aan boord waarbij ik nauwelijks de kajuit binnen durf als de gasten daar verpozen. Sommige mensen zijn arrogant en behandelen mij als een slaafje. Maar jullie voelden direct als vrienden. En dat voor Hollanders! Want die zijn de ergste. Eigenlijk weiger ik altijd Hollanders aan boord, maar voor meisjes maak ik een uitzondering,' zegt Robbie vrolijk terwijl hij mij een klap op mijn kont geeft, iets waar hij al snel een gewoonte van maakt. Hoezeer hij zich bij ons op zijn gemak voelt blijkt al op de tweede zeildag. Robbie doet geen moeite meer om zijn stuurmanswerk te onderbreken voor een sanitaire stop. Hij plast vrolijk overboord terwijl hij ons toelacht dat we 'hem' wel even vast mogen houden. Zodra Rob in de gaten heeft dat Esther een ervaren zeilster is, lost hij het anders op. We zijn de haven nog niet uit of hij zegt: 'Esthurrrrrr, ik moet plassen.' Om zich vervolgens aan dek urenlang, luid snurkend, in de zon te wentelen terwijl Esther stuurt.

Na een nacht in de haven van Guadeloupe vertrekken we naar ons eerste eiland, Dominica, een prachtige zeiltocht van een uur of zes. En direct een hevige vuurdoop. Er staat een flinke wind en op volle zee zitten we op vier meter hoge golven. Wow! Zeilen op de oceaan is wel even iets anders dan ik gewend ben.

Al na een uurtje merk ik dat mijn zeeziektepilletje me niet gaat redden. Op de eerste dag van mijn droomzeilvakantie in de Caraïben hang ik kotsend over de reling. Hoe avontuurlijk is dat?

Kapitein Rob verplaatst me naar het dek. De hoogste plek op de boot en daardoor de beste plaats om deze golven uit te zitten. Ik geniet er urenlang van het uitzicht en de golven en van Rob. Hij doet zijn uiterste best om mij te vermaken en af te leiden. De rest van de middag heeft hij alleen oog voor mij. Ik voel me bijzonder en wentel me in de aandacht van onze knappe schipper terwijl Esther de boot over de hoge golven stuurt. Zijn aanpak werkt, ik vergeet de deining en ik wen snel aan de schommelingen van de boot. De rest van de vakantie houdt mijn maag het, terwijl het zeilen nog veel onstuimiger wordt.

Op de tweede zeildag wordt het zelfs even echt spannend. Tijdens een stralende dag met een lekkere zeilwind barst vanuit het niets een vette regenbui los die samengaat met gevaarlijk harde windvlagen. Wij hebben de volle zeilen erop staan en die moeten zo snel mogelijk neergehaald worden. Dat lukt niet direct, want de boot is ons nog te onbekend, we verstaan de Vlaamse commando's van Rob niet en we gaan verschrikkelijk schuin. Ik zie paniek in de ogen van iedereen, zelfs even in die van onze kapitein als het grootzeil luid klapperend kapotscheurt. Rob schreeuwt geërgerd naar ons en besluit zelf in te grijpen terwijl wij hulpeloos toekijken. Behendig haalt hij de zeilen binnen terwijl de boot even stuurloos over zee gaat. Gelukkig vertrok de windvlaag zo snel als hij opkwam. Tien minuten later is er weer rust aan boord. De schade aan de zeilen lijkt mee te vallen en wordt de volgende dag in de haven snel en vakkundig gerepareerd. We maken foto's van onze opgeluchte gezichten en slaan elkaar op de schouders. Pfoe, dit is zeilen. Hier kwamen we voor.

's Avonds gaan we de spanning eraf feesten in het nachtleven van Martinique. Dat het in Nederland tweede kerstdag is zijn we allang vergeten. We doen, na de onverwachte regenbuien, onze volgende ontdekking over dit stukje van de Caraïben. Het swingt hier niet. Anders dan in Cuba en Venezuela zijn er geen dansende mensen op straat die muziek maken met alles wat voorhanden is. Zelfs in de karaokebar waar we belanden is het een matte boel waar mensen verveeld aan een pooltafel staan. Dat kan beter, besluiten we. Samen met Kim en Esther grijp ik de microfoon. Tina Turner kan trots op ons zijn. We voeren de wildste versie van 'Proud Mary' uit die ooit werd vertoond. En het werkt. De bar loopt vol en mensen beginnen te dansen. Onze kapitein is het stralende middelpunt. Iedereen komt vragen waar hij deze blonde vrouwen heeft gevonden. Hij krijgt een trotse lach op zijn gezicht die er de rest van de reis niet meer af gaat.

We reizen verder naar Saint Vincent en de Grenadines. Een groep paradijselijke eilandjes waar alle clichés uit de reisfolders te vinden zijn. De palmbomen, de hagelwitte stranden, de vriendelijke rastamannen, de romantische baaitjes. Alleen worden in de folder blijkbaar de honderden toeristen op de stranden en tientallen bootjes in de baai eraf gefotoshopt. We beklimmen een klein onbewoond eilandje waar grote leguanen leven, maar doen dat in een optocht van Polen, Amerikanen en Engelsen die hun gecharterde zeilcatamarans in hetzelfde baaitje hebben geparkeerd. Op de grote bladen van de inheemse planten hebben talloze toeristen hun naam gekerfd. We weten nu dus dat Kevin *here was* op 23-11-2009. Gelukkig weet onze schipper ook de plekken te vinden waar het minder druk en toeristisch is en we ons figuranten wanen in een Bounty-reclame. We zwemmen vrijwel alleen in een felblauwe zee bij Palm Island. De bordjes op het strand maken duidelijk hoe dat kan. Er blijkt hier een exclusief, peperduur resort gevestigd waar rijke Amerikanen vertoeven in prachtige hotelsuites en grote villa's. Alles is verboden toegang voor sloebers zoals wij, die gewoon met een zeilbootje voor het strand ankeren. Op een heel klein stukje strand worden we gedoogd.

Terwijl de rest van onze groep een dutje doet in het zand verken ik samen met Robbie het verboden gebied.

'Hier staat een bordje met NO TRESPASSING, Rob, we mogen hier niet verder,' zeg ik.

'Ah, da's al in orde, Maudeke, ik ken de mensen hier. Ik heb ook geregeld dat we die twee fietsen daar mee mogen nemen,' verzekert Rob mij.

We fietsen naar een prachtig landhuis waar een verveelde Engelse kunstenaar woont met zijn even aardige als verveelde Franse vrouw. Zoals iedereen op dit onwaarschijnlijk mooie stukje aarde verveeld kijkt. Hij laat ons zijn schilderijen zien, we mompelen beleefd complimenten en vervolgen onze fietstocht. Na een stukje peddelen langs een plaatje van een golfbaan waarop niemand speelt worden we achtervolgd door een golfkarretje met een man in een streng uniform. De fietsen moeten terug en wel nu. Robbie probeert onze overtreding weg te lachen. 'Dit is een eiland, hè, daar kun je helemaal geen fietsen stelen. Want die komen altijd weerom, nietwaar?'

Het helpt niet, te voet gaan we verder. We wandelen langs een zwembad met een waterval in het midden, te mooi om niet even in te plonzen. We liggen nog maar net in het heerlijke water of we worden er alweer uit gevist door twee strenge securitymannen. Deze keer krijgt Robbie het niet meer weggelachen met zijn *easy going Caribbean* charme. We worden teruggeëscorteerd naar het gedoogstrookje op het strand en durven de rest van de dag de bordjes met NO TRESPASSING niet meer te passeren.

Robbie besluit mij zwemles te geven in de oceaan. Dat ik al kan zwemmen deert hem niet. Hij tilt me op in het water, zijn handen onder mijn rug. Hij buigt zich voorover om me te zoenen. Ah ja, dat hing al dagen in de lucht. Het voelt fijn en ik vergeet even dat Alec me vanuit Nederland elke dag lieve sms'jes stuurt over hoe hij me mist en hoeveel spijt hij heeft dat hij niet met me meekwam. En dat hij zeker snel met mij gaat herkansen, samen een mooie zeilreis maken in dit prachtige gebied. Het is allemaal ver weg, terwijl ik me dankzij Robbie even de mooiste en belangrijkste vrouw op aarde waan.

Robbie vertelt me dat hij ook vertrekt op de dag dat wij naar huis zullen vliegen. Hij moet een paar weken naar België om dingen te regelen en aanwezig te zijn op vakantiebeurzen waar hij zijn zeilreizen verkoopt. De boot ligt dan ongebruikt en onbemand in de haven van Guadeloupe.

'Als u wilt mag u op mijn boot passen, Maud. Blijft u gewoon die vijf weken aan boord. Waarom vraagt ge niet of uw vriendje komt, die kan goed zeilen toch?'

Toen ik voor de eerste keer aan boord stapte zei ik direct tegen Robbie dat zijn Jeanneau de droomboot van mijn vriendje is. Ik sms'te enthousiast naar Alec dat het inderdaad een fantastische boot is. Robbie vond het leuk om te horen dat ik een zeilend vriendje heb en vroeg waarom ik hem dan niet meenam. Ik vertelde in het kort over de *bumpy ride* die onze affaire is geworden. Met meer uit dan aan en veel gedoe. Ah ja, gedoe, dat kende Robbie wel. Hij heeft thuis in België ook een vriendin die eigenlijk meer verdriet oplevert dan geluk. Ik zag pijn in zijn ogen toen hij vertelde over Danique en hoe graag hij samen met haar zijn chartertochten zou maken. Robbie speelt met de gedachte om deze boot ooit nog eens te verkopen en het idee dat Alec en ik hem over zouden kunnen nemen heeft hem misschien wel tot dit genereuze aanbod doen besluiten. Dat bezwaart mij niet, en zodra ik zeker weet dat hij het meent bel ik Alec met het geweldige nieuws dat hij naar me toe kan komen. Vijf weken met mij zeilen in dit paradijs op zijn droomboot. Hoe geweldig is dat? Alec reageert een beetje cynisch.

'Dat klinkt fantastisch, Maud, maar ik ga dus volgende week wintersporten met Marco, weet je nog?'

Ik begrijp daar helemaal niks van. Een weekje wintersport laat je toch zonder problemen schieten als een kans als deze zich voordoet? Hij zegt dat hij erover na gaat denken en dat hij met Marco zal overleggen. De volgende dag is hij nog altijd niet enthousiast. Hij sputtert wat over de prijzen van tickets naar Guadeloupe en over zijn gebrek aan ervaring met zeezeilen in onbekend gebied. Ik vertel hem dat hij een paar dagen eerder kan komen, dan zal Robbie hem helemaal wegwijs maken in het reilen en zeilen van deze boot en dit vaargebied. Al na een paar uur krijg ik een sms'je van Alec. Hij doet het niet. Ik ben verbijsterd. En trek, zoals ik dat bij hem altijd doe, weer een haastige conclusie, gevoed door mijn primaire emoties. Hij wil dus liever met Marco in de sneeuw achter de wijven aan dan met mij hier zeilen. Wat moet ik toch met deze man? Wat een kansloos geval. Ik besluit eenzijdig de affaire maar weer eens te beëindigen en zeg tegen Robbie dat Alec niet komt en dat de relatie wat mij betreft daarmee ook ten einde is. Die laatste mededeling brengt lichtjes in de ogen van mijn knappe kapitein. Hij slaat me op mijn kont en kraait: 'Aha, nu heb ik dus een vrijgezelle Maud aan boord!'

's Avonds koken we samen voor de rest van de groep die buiten in de kuip zit te keuvelen bij het kaarslicht. Robbie slaat steeds zijn handen om mijn middel en zegt hoe mooi hij me vindt zonder make-up.

'Ge moet uw lippen niet meer stiften, Maudeke. U bent mijn Miss Wet Look. Met natte haren vind ik u het mooist. Slaapt u vanavond bij mij?' vraagt hij terwijl hij me zachtjes in mijn nek zoent.

Ik verhuis mijn spulletjes naar de *captain's cabin*, waar we vanaf dat moment de meeste nachten gillend van het lachen doorbrengen, totdat de andere passagiers beginnen te morren of het ietsje rustiger mag 's nachts. Maar we hebben ook veel serieuze gesprekken. Rob vertelt over het eenzame bestaan van een charterschipper.

'Vier jaar geleden ben ik met mijn boot overgestoken vanuit België. Ik had al jong het bedrijf van mijn vader overgenomen toen hij veel te vroeg overleed. Ik studeerde op dat moment nog. Ik was het beu om op kantoor te zitten.'

Het verlies van zijn vader had hij verwerkt door veel in zijn eentje te zeilen op de Noordzee. Zeilen was zijn manier geworden om te vluchten voor de realiteit. Na een ingewikkelde mislukte liefdesrelatie stapte hij samen met een vriend in Knokke op zijn boot met bestemming Caraïben. Het werd een woeste overtocht waarbij zijn vriend 's nachts overboord sloeg. Als door een wonder had Rob hem terug kunnen vinden en tijdig naar een ziekenhuis laten vervoeren. Hij overleefde het, maar keerde nooit meer terug aan boord. Rob moest op eigen kracht zijn weg vinden op zijn nieuwe thuiseiland Guadeloupe. Hij moest zich de taal eigen maken, want hij sprak net zo slecht Frans als de gemiddelde Nederlander. En nu voert hij een dagelijkse strijd door tegelijkertijd gastheer, verkoper van zeilreizen en kapitein te zijn. Zijn *day at the office* ziet er benijdenswaardig uit, maar het is een zwaar en soms ook eenzaam bestaan met weinig privacy en vrije tijd. In de zomermaanden keert hij altijd terug naar België. Zeilen gaat dan toch niet vanwege het orkaanseizoen en hij gebruikt die maanden vooral om zijn sociale accu weer op te laden. Hij brengt de tijd door met veel stappen en festivals bezoeken met zijn vrienden die hij heel erg mist als hij aan boord zit. En hij hoopt telkens dat Danique mee terugkeert naar de Caraïben; samen met haar zou het schippersbestaan veel beter vol te houden zijn. Maar meestal eindigen de weken die ze samen doorbrengen in België in ruzie en vliegt hij weer alleen naar de zon. Ondanks de eenzaamheid begrijp ik zijn keuze voor dit leven. Prachtige wind, prachtige zon, prachtige omgeving, prachtige zonsondergangen. Ik ben op slag verliefd geworden op dit gebied. Kon ik hier maar altijd blijven...

Na Palm Island zeilen we verder zuidwaarts en ankeren weer voor een stukje artificieel paradijs. De vijftienhonderd bewoners van het eilandje Mustique hebben hun levenstaak gemaakt van het verzorgen van Mick Jagger, Tommy Hilfiger, Bryan Adams en andere superrijken die hier op dit privéstukje wereld in hun megavilla's bij elkaar zijn gekropen. We maken een tour langs hun huizen in een pick-uptruck die wordt bestuurd door een oude rastafari en wanen ons in Disneyland. Deze wereld met het schattige felroze houten supermarktje bestaat toch niet echt? Zelfs de schildpadden die de weg oversteken lijken dat op commando te doen om de bezoekers te vermaken. Onze rastachauffeur is zo stoned dat hij alleen nog maar een onverstaanbaar 'American' en 'Italian' kan mompelen terwijl hij wuift naar een villa van een ongetwijfeld erg beroemde bewoner. Hij stopt bij het huis van Mick Jagger en wijst ons het kleine paadje waarlangs we op het strandje kunnen komen dat aan zijn tuin grenst. We zwemmen even in de oceaan en wanen ons rijk en beroemd op dit onwaarschijnlijk mooie stukje van de wereld.

Op Union Island zie ik de volgende dag tijdens mijn ochtendwandeling een bijzondere zeilboot liggen. Hij is niet van polyester, zoals de meeste boten, maar van een soort geborsteld aluminium. Hij ziet er stoer uit en ook heel professioneel. Ik besluit even een kijkje te gaan nemen en wandel er over de steiger naartoe. Je kunt duidelijk zien dat deze boot is opgetuigd voor een verre reis. Alles zit driedubbel goed bevestigd. Er is een satellietbol aan boord voor radar en telefoon. En er wappert een Noorse vlag op de achtersteven. Zouden ze helemaal vanuit Noorwegen hiernaartoe gevaren zijn? Nieuwsgierig kijk ik de kuip in. Er zitten twee mannen van rond de vijftig aan hun ontbijt. Ze zien er net even te verzorgd uit. O leuk, denk ik, twee homo's op wereldreis. Ik besluit even een praatje aan te knopen.

'*Did you sail here all the way from Norway?*' roep ik naar de mannen. Een van hen komt naar me toe lopen. Hij stapt van boord en zijn vriendelijke ronde gezicht met driedagenbaardje kijkt me nieuwsgierig aan. Ja, ze zijn inderdaad vanuit Noorwegen hiernaartoe komen zeilen, zegt de man die Jarmund blijkt te heten. De reis gaat vijfenhalf jaar duren en hij is nu zeven maanden onderweg. 'Maar waarom?' vraag ik hem. 'Waarom op zeilreis?'

Hij zegt dat hij met pensioen is. Hij lijkt me wat jong om al gepensioneerd te zijn, maar enthousiast roep ik: '*I'm also retired!*'

Hij wil weten hoe ik dat dan gedaan heb, voortijdig met pensioen gaan.

'O, ik werd ziek, lang verhaal, vertel ik nog wel een keer,' zeg ik luchtig.

Hij vertelt dat hij zijn bedrijf in Noorwegen heeft verkocht, waarna hij aanbleef als commissaris. Daarna startte hij weer een bedrijf dat hij verkocht.

'*I was walking the same footprints back and forth,*' legt Jarmund me uit.

En dus liet hij een boot bouwen. Zeilen kon hij niet, maar hij kocht een paar boeken, want hoe moeilijk kon het nou helemaal zijn? Hij huurde de eerste paar weken een ervaren schipper in die hem een beetje op weg hielp en daar ging hij, samen met zijn vriendin op pad. Zijn vier kinderen waren bijna allemaal volwassen en bleven met hun moeder achter in Noorwegen. Het plan was om het schip af en toe ergens in een haven te parkeren en dan een paar weken terug naar Noorwegen te gaan. En zo in vijfenhalf jaar tijd de wereld rond te zeilen met veel tussenstops om te hiken en bergen te beklimmen. Ergens in de zeven maanden die hij inmiddels op pad was, stapte zijn vriendin van boord. Het werkte niet, samen in zo'n kleine ruimte. En ze bleek ook eigenlijk niet zo van zeilen te houden. Ze was vaak zeeziek en had het helemaal niet naar haar zin. Maar Jarmund ging door met zijn tocht. Hij legt me enthousiast uit waar de route heen gaat. Hij zal oversteken vanuit de Caraïben naar Suriname, langs Frans-Guyana richting Brazilië en dan verder naar beneden langs de kust van Argentinië. Uiteindelijk wil hij dan oversteken naar de Zuidpool. Maar dat heeft allemaal geen haast.

'*I used to be a millionaire in money, but now I'm a millionaire in time,*' zegt hij lachend.

'*I am also a millionaire in time!*' roep ik uit.

'Ga je dan met me mee?' vraagt Jarmund.

Op dat moment zie ik dat Rob op onze boot veel haast maakt met voorbereidingen om te vertrekken. Robbie, die normaal gesproken 's ochtends niet in beweging te krijgen is, wil nu ineens heel snel de haven uit. Hij schreeuwt me toe dat ik terug moet komen naar onze boot. Mijn gesprekje met de vriendelijke Noor zit hem duidelijk niet lekker. Jarmund loopt met me mee en probeert een praatje met hem aan te knopen, maar Rob doet ongewoon onvriendelijk en gaat door met het losgooien van de trossen. Net voordat ik aan boord moet springen duwt Jarmund mij zijn visitekaartje in de hand.

'*Please find me on Facebook and go with me!*' schreeuwt hij me nog toe.

Na ons haastige vertrek keert de rust aan boord terug,

Robbie stelt zich alleen wat bezitteriger op. Op een marktje bij de haven waar we 's avonds aanleggen koopt hij voor mij een ketting met een haaientand. Precies zo een als hij zelf ook draagt.

'Nu hoort u bij mij, Maud,' zegt hij als hij de ketting om mijn nek doet en me een zoen geeft.

We zitten al tien dagen aan boord en het nieuwe jaar is fijn begonnen. De sfeer is nog net zo goed als in het begin. Iedereen past zich aan. Op de tweede dag van zo'n reis wil je nog een handdoek die lekker ruikt. Nu neem je al genoegen met iets waar geen schimmel op groeit om je even af te drogen. We stinken, maar we zijn gelukkig. Het wordt tijd voor de grote oversteek, terug naar Guadeloupe. Zo'n zeventien uur zeilen. We leggen de reis in twee dagen af. Dag één lijkt wel op zeilen in Nederland. Het is koud, het regent tien uur aan één stuk, de wind is hard en de golven zijn hoog. Robbie heeft het in zijn vier jaar in de Caraïben nog niet eerder meegemaakt. Hij stuurt ons er kundig doorheen. Ik voel me veilig in zijn handen, alhoewel zijn roekeloze karakter bovenkomt halverwege de overtocht. Oppassende zeilers hebben hun dinghy – een klein rubber hulpbootje waarmee je naar de kant kunt varen als je ergens voor anker ligt – vaak netjes aan een rek boven de achtersteven van de boot bevestigd. Robbie niet, zijn dinghy slingert aan een touwtje achter de zeilboot en hupst over de hoge oceaangolven als een veulen in de wei. Dat gaat goed zolang het weer een beetje rustig is. Nu klappert de dinghy al uren op de hoge golven. Er raken dingen los, het brandstoftankje van de buitenboordmotor dreigt overboord te stuiteren. Robbie ziet het en bijt Esther toe dat ze het roer van de Jeanneau over moet nemen. Hij wil vervolgens zonder zwemvest of lifeline bij windkracht 7 in de slagregen van boord springen in zijn dinghy om de brandstoftank vast te zetten. Ik grijp hem vast en schreeuw: 'Ben je verdomme helemaal gek geworden! Jij blijft aan boord! Laat die tank maar overboord slaan, ik betaal wel een nieuwe als we in de haven zijn.'

Ik dring niet tot hem door.

'Ga aan de kant, Maud, ik moet dit even regelen.'

Ik schreeuw nog harder: 'Nee, Rob, jij gaat ons veilig naar de haven brengen. Wij krijgen deze boot niet terug op Guadeloupe als jij overboord slaat. Wij kunnen niet zonder jou verder. Ik kan niet zonder jou verder! Je laat mij hier niet alleen achter!'

Ik gil inmiddels, mijn stem slaat over van angst en woede. Maar het werkt. Robbie pakt met een grimmig gezicht het roer weer van Esther over. Als we veilig in de haven van Martinique zijn aangekomen, onze laatste stop voor Guadeloupe, vraagt hij: 'Wilt u met mij trouwen, Maud? U hebt mij net gered daar op zee.'

Kim en Esther reageren meteen enthousiast. Ja! Trouwen! Morgen in Guadeloupe! Ze gaan er een rastawedding van maken. Onze haaientandkettingen kunnen dienstdoen als alternatieve trouwring. Hoe romantisch is dat? Ik zoek in mijn koffer naar het zwarte kanten jurkje dat ik meenam maar nog niet heb gedragen op deze reis. Ja, die kan prima doorgaan voor trouwjurk. Hij is misschien een beetje kort, maar voor een eilandbruiloft perfect geschikt.

De laatste zeildag van Martinique naar Guadeloupe verloopt geweldig. De regen en de paniek van gisteren zijn vergeten. Onder de volle zon hebben we voorpret over onze rastawedding. Kim en Esther zullen onze bruidsmeisjes zijn. En Robbie draait de hele dag speciaal voor mij het reggaeliedje dat hij eerder deze reis al voor me opzocht. *'You're just a brand new second hand gal, no man no want you,'* blèrt Peter Tosh uit de speakers op het dek. Robbie rolt van het lachen bijna overboord. In de haven van Guadeloupe aangekomen blijkt het water van onze boot op te zijn. En het is al te laat om nog naar de douches aan de overkant van het water te varen. Dat trouwen wordt dus niks zo met mijn vette haar in de klit. Maar Robbie regelt dat ik me kan douchen en optutten aan boord van een superjacht waarvan hij de eigenaar goed kent. De badkamer van dit drijvende paleis is groter dan mijn hele huis. Ik geniet van de luxe en begin me bijna een echte bruid te voelen. Er is zelfs een föhn! En een spiegel met een goede lamp erboven! Zoveel luxe heb ik de laatste twee weken niet meegemaakt. Bij het verlaten van het schip, met mijn haar in de krul en perfecte make-up, bedank ik uitvoerig de jachteigenaar en zijn vrouw voor hun gastvrijheid. Ze kijken me een beetje bevreemd aan. Ze blijken Robbie helemaal niet te kennen en zijn warrige uitleg over de noodzaak van mijn douchebeurt hebben ze ook niet begrepen. O boy, ik ben dus gewoon zonder toestemming hun badkamer binnengedrongen. Ik maak me snel uit de voeten en haast me naar het restaurantje in de haven waar Kim en Esther al met bloemblaadjes op ons wachten. Ze gaan helemaal op in hun rol van rastabruidsmeisjes. Robbie ziet er ongelooflijk knap uit met zijn witte broek en grijze shirt. We zijn een mooi plaatje, we spatten van de foto's af die de bruidsmeisjes van ons maken. Ze hebben zo snel geen rastaman kunnen regelen voor het voltrekken van de ceremonie, maar Gilbert, de man van Kim, wil die rol best op zich nemen. Robbie en ik gaan ons steeds ongemakkelijker voelen. Het was een leuk spelletje toen dit vanochtend begon. Maar onze reisgenoten nemen deze grap wel erg serieus. Het voelt een beetje als oorlogje spelen, zoals vroeger met je iets te fanatieke buurjongetje waardoor je daadwerkelijk de angst van de krijgsgevangene ging voelen. Die angst voelen wij nu ook. Bindingsangst in een serieuze verschijningsvorm. Robbie en ik hebben een heerlijke tijd gehad in zijn captain's cabin, maar veel meer dan een mooie vriendschap is er niet tussen ons. Hij vliegt morgen terug naar zijn complexe vriendin in België. En ik was toch heel erg verliefd op Alec toen ik hiernaartoe kwam? Alhoewel ik de status van die amourette niet meer aan mezelf kan uitleggen. We kappen de feestelijkheden af. Opgelucht poseren we zoenend voor de camera van Kim.

De volgende ochtend op het vliegveld is de opluchting verdwenen. Bedremmeld zitten we met z'n vijven te wachten op onze vliegtuigen. Kim, Gilbert en Robbie vertrekken een uur eerder dan Esther en ik, die met hetzelfde vliegtuig teruggaat naar Nederland, via Parijs. Robbie zit naast me op een bankje in de vertrekhal. De mooiste foto van onze vakantie is op dat moment genomen. We schaterlachen allebei zo hard dat je tot onze huig kan kijken op de foto. Het is de perfecte weergave van de afgelopen twee weken. Terwijl Esther afscheidsfoto's maakt begint Robbie me te zoenen. Met veel meer passie dan alle keren ervoor. Het deert ons niet dat iedereen naar ons kijkt. Het deert ons niet dat Esther nog steeds foto's van ons maakt. We realiseren ons ineens dat we elkaar heel erg gaan missen. Dat er misschien toch meer is dan een mooie vriendschap? Meer dan een bijzondere vakantie-*fling*? In verwarring stap ik mijn vliegtuig in.

2 The first cut is the deepest

Ik vlieg terug naar Alec, de man die een jaar eerder in mijn leven kwam. Mijn eerste Grote Liefde. Hij zwaaide me uit op Schiphol, op de dag dat ik naar de Caraïben vertrok. En sinds dat moment stuurde hij me elke dag lieve sms'jes. Maar ik zal hem nooit meer kunnen vertrouwen. Toen ik hem leerde kennen was ik pas een paar maanden vrijgezel na een relatie van twintig jaar met Arthur en was nog behoorlijk onbevangen en onervaren in de liefde. Met Alec is het meteen raak tijdens onze eerste ontmoeting.

Ik loop hem bijna een jaar geleden in een stampvolle kroeg op weg naar de wc tegen het lijf. Hij kijkt me spottend aan, maar ik voel me sterk. Gek genoeg maakt het me niet onzeker dat deze onbekende man mij onderzoekend aankijkt. Hij lijkt op de rocksterren op wie ik als meisje van vijftien verliefd was. Een beetje als Eddie van Halen, voor zijn aftakeling. Lange donkere krullen langs een zelfverzekerd, wat grof gezicht met een iets te grote neus. Niet fotomodellenknap, maar ik vind hem uitzonderlijk aantrekkelijk. En dat voelt hij blijkbaar aan. Hij vraagt of ik op weg ben naar mijn vriendje.

'Nee joh, ik ga even plassen,' schreeuw ik over de muziek heen.

'Dan wacht ik hier op je,' zegt hij alsof we al bij elkaar horen.

We kletsen aan de bar, maar de muziek is te hard en Alec – hij blijkt Alec te heten – wil liever even zitten. Dat kan alleen buiten, onder de terrasverwarmer. We ploffen op een steigerhouten bank vol kussens. Het voelt goed om dicht tegen hem aan te zitten. Hij legt zijn arm achter mij op de rugleuning van de bank. Ik voel me veilig bij hem. Ik vertel hem direct van alles over mijn leven. Na een poosje komt er een tafeltje binnen aan het raam vrij. Alec spurt ernaartoe, terwijl hij mijn hand vasthoudt en me meesleept. Dit is een man die dingen regelt en voor elkaar krijgt, dat voel ik direct. Zijn zelfvertrouwen maakt hem voor mij nog aantrekkelijker. Ik was twintig jaar met een onzekere man, die altijd twee stappen achter mij liep. Ik wil niet meer steeds de kar moeten trekken. Ik wil een man die mij meesleurt, op weg naar avontuur, die mij me weer een meisje kan laten voelen. Een man die als de boot vergaat op volle zee komt bovendrijven op het laatste stukje hout, samen met mij. Die op het onbewoonde eiland waar we aanspoelen van twee lucifers en een kokosnoot een huis weet te bouwen met centrale verwarming en een jacuzzi op de veranda. Zo'n man waar je instinctief achteraan loopt als er brand is, omdat je weet dat je dan veilig buiten komt. Alec is zo'n man. Dat weet ik nu al zeker.

De muziek is nog harder gezet en we kunnen elkaar alleen verstaan als we wang aan wang zitten. Even denk ik dat hij mij wil zoenen als we met onze gezichten zo dicht bij elkaar zitten. Een paar tellen later doe ik dat gewoon. Ik zoen hem. Hij reageert direct. Het wordt een innige tongzoen. Hij smaakt naar bier. In een stampvolle kroeg in een vreemde stad zit ik te zoenen met een spannende man die ik net een halfuurtje ken. En het voelt heerlijk. We praten en zoenen nog een tijd door. Rond twaalf uur zeg ik dat ik echt naar huis moet. De volgende ochtend is er een groot evenement waarvan ik organisator ben en waar honderden mensen rekenen op mijn aanwezigheid. Alec loopt met me mee naar de auto. Buiten zoenen we verder. Hij is met de tram gekomen. Ik vraag hem waar ik kan tanken. Hij stelt voor dat ik hem thuisbreng, dan loodst hij mij langs een tankstation. Ik voel totaal geen schroom om met een vreemde man in een vreemde stad in de auto te stappen. Hij pakt me vast en zegt dat hij me heel aantrekkelijk vindt. 'Direct toen ik je zag in de kroeg dacht ik: dat is een mooie lange vrouw. En je ruikt lekker. Ik pikte direct jouw geurspoortje op, begrijp je?'

Nee, ik begrijp er niks van. Deze onweerstaanbare man zegt alles wat ik wil horen. Hoe kan dit? Wat is er met me gebeurd? Hoe is het mogelijk dat dit mij overkomt? Ik rijd met hem door de stad. We stoppen bij een tankstation. Hij tankt mijn auto vol. En dan blijken we al heel dicht bij zijn huis te zijn. Een mooie statige laan met brede stoepen en prachtige grote oude huizen. Hij wijst zijn Defender aan, hij houdt dus net als ik van Engelse auto's. En hij wijst me zijn huis. Hij haalt me over om nog even mee naar binnen te gaan. Hij wil me graag zijn huis laten zien, duidelijk trots op hoe en waar hij woont. Ik ben wel nieuwsgierig. En het is toch al veel te laat, dus ik ga mee naar binnen. Ik voel me direct thuis en op mijn gemak. Een mooi oud huis, met hoge plafonds. Smaakvol ingericht. Niet al te rommelig. Wat een verschil met de vrijgezellenhuisjes die ik tot nu toe vanbinnen

39

zag! We landen op de comfortabele rode bank en zoenen en vrijen. Ik voel me goed en zeker over mezelf. Maar ik sputter lang tegen omdat ik morgen vroeg op moet. Uiteindelijk is het al twee uur en liggen we nog steeds op de bank te vrijen. Ik neem een besluit. Laten we maar naar boven gaan om dit af te maken. Dan ga ik daarna naar huis. Al voordat we naar boven gaan zegt Alec dat we nu verkering hebben. Huh? Verkering? Waar komt dat ineens vandaan?

'Ja, Maud, dat betekent dat je bij mij hoort. Dat je niet na vannacht zomaar niks meer van je kunt laten horen. Maar dat je het echt uit moet maken als je niet verder wilt. En dat we allebei niet meer gaan zoenen of neuken met een ander.'

Hij kijkt me merkwaardig serieus aan. Deze tekst past niet bij het beeld dat ik van hem heb.

Hij duwt me op zijn veel te harde bed. 'Dat is traagschuim, liefje, ken je dat niet? Het zakt pas in als je er al een tijdje op ligt,' verklaart Alec terwijl hij mijn spijkerbroek uittrekt.

'Ik haat spijkerbroeken. Vrouwen horen geen spijkerbroeken te dragen. Ik houd van toegankelijke vrouwen, lekker met een jurkje aan, zodat ik direct overal bij kan, begrijp je?' Hij lacht er sarcastisch bij. Zijn ervaring, of routine zo je wilt, met het versieren van vrouwen klinkt overal doorheen. Toch is de seks niet heel bijzonder voor een man die zo overduidelijk een womanizer is. De verovering is voor hem blijkbaar belangrijker dan de daad zelf. Maar ik voel me bijzonder, hij is de spannendste, meest aantrekkelijke man met wie ik ooit naar bed ging. En ook al is het rechttoe rechtaan seks, het is fijn en op wolkjes trek ik even later mijn spijkerbroek weer aan. Want ik ga naar huis. Alec verklaart me voor gek en zegt dat ik beter een paar uurtjes kan blijven slapen in plaats van nu doodmoe naar huis te rijden. Ik doe het toch. Als ik in de auto zit hoor ik dat het kabinet gevallen is, dus gelukkig is er live spannende radio, ook al is het midden in de nacht. Toch val ik onderweg twee keer bijna in slaap. Het gaat maar net goed. Ik heb bij het wegrijden niet opgelet hoe de straat heet waar Alec woont. Ik weet niks van deze man, niet eens zijn achternaam. En we hebben geen telefoonnummers uitgewisseld.

Tot mijn verrassing krijg ik de volgende dag toch een sms'je van hem. Ik had hem genoeg over mezelf verteld om me te kunnen vinden op internet. Hij heeft mijn nummer achterhaald en sms't dat hij me snel weer wil zien. De zes weken daarna verkeren we in een totale roes.

Hij is bij mij of ik bij hem. Mijn wereld draait om hem, ik laat alles uit mijn handen vallen voor deze man. En dan gaat hij op wintersportvakantie met zijn vriend Marco. Die reis had hij al geboekt voordat hij mij ontmoette. De avond voor zijn vertrek slaap ik bij hem. We laten samen mijn hondje uit voor het slapengaan.

'Laat mij hem maar even vasthouden, want dat moet ik toch leren als ik terug ben,' zegt hij. 'Jij en Tommy zijn nu een deel van mijn leven geworden.'

Hij is niet dol op honden, maar doet zijn best om zich niet aan Tommy te ergeren. Op weg naar de wintersport sms't hij me om het uur. Hij mist me zo dat het nu al zeer doet. De berichtjes worden in de loop van de week minder frequent. En vanaf woensdag hoor ik niks meer van hem. Ik weet dat hij zondag terug zal komen, maar weer hoor ik niks. Ik ga naar het Concertgebouw met een vriend, maar ik kan me niet concentreren op de muziek. Onrust in mijn lijf, ik voel wel dat het niet goed zit.

'Ben je al door de douane?' sms ik hem luchtig.

Geen reactie. De maandag gaat voorbij zonder contact, zijn telefoon springt direct op de voicemail. In de loop van dinsdag sms ik hem: 'Radiostilte is niet fijn, Alec, laat even wat van je horen.'

Hij antwoordt meteen: 'Sorry, Maud, mijn geweten is niet helemaal zuiver, ik bel je vanavond.'

Hij blijkt al samen te wonen. Op wintersport heeft hij een meisje ontmoet en zij is direct bij terugkomst in Nederland bij hem ingetrokken.

'Ja, ze zat even zonder woonruimte. Dus tja, ik heb je toch niet zo heel erg gemist. Blijkbaar gaf ik niet zoveel om je als ik dacht toen ik wegging.'

Hij vraagt nog wel wat ik nu wil. Uh... nou, door met mijn leven dacht ik zo.

Doorgaan met mijn leven, met een wond als een krater in mijn hart. Zes weken is kort, maar Alec had mij hard geraakt. Onze tijd samen was ontzettend intensief. Ik was nog nooit in mijn leven zo verliefd geweest. We fantaseerden over de verbouwing van mijn boerderij die we samen aan zouden pakken. Dagdromen, meer was het niet, bleek nu. De pijn kwam veel harder aan dan na het stuklopen van mijn relatie die twintig jaar geduurd had. Na zoveel jaar stond de auto allang stil en was het geduldig wachten wie er als eerste uit zou stappen. Maar dit voelde als met honderdtachtig kilometer per uur tegen een muur aan rijden.

Proberen Alec te vergeten lukt niet zo best. Ik wil in mijn bed kruipen en huilen. Heel erg hard huilen. Zoals Bruce Springsteen zingt: '*Hide beneath my covers and study my pain.*' Maar na een paar weken duikt Alec alweer op. 'Ik heb me misschien vergist, Maud. Ik mis je veel meer dan ik had verwacht. Dat meisje is toch wel erg jong. Ze wil de hele tijd stappen, ze is er eigenlijk nooit. En mijn hele huis ruikt naar wierook als ze er wel is. Ze is zo spiritueel, jij bent lekker nuchter. Met jou kan ik fijne gesprekken voeren. Met haar ben ik na een halfuur uitgepraat. Mis je mij ook, Maud?'

Ik houd de boot af en doe stoer tegenover hem over de andere mannen in mijn leven. Want ja, die zijn er wel. Er zijn altijd wel mannen in mijn leven. Maar geen van hen heeft de impact die Alec op mij heeft. Alec laat zich er niet door afschrikken. Soms hoor ik weken niks van hem, maar steeds zoekt hij weer contact. Na drie maanden denk ik dat ik wel over hem heen ben en stem ik in met een ontmoeting op een terrasje in zijn stad. Ik maak mezelf wijs dat ik hem wil zien om mezelf ervan te verzekeren dat ik echt niks meer voor hem voel. Misschien kan ik wel gewoon bevriend met hem blijven. Ik voel me rustig en gelukkig als ik naar hem toe rijd. Ik ben dol op zijn stad. Ik ben dol op zijn huis. En ik ben nog steeds dol op hem, blijkt als hij op me af komt lopen. De wereld staat stil als hij me zoent. Minutenlang hebben wij niet door dat we midden op een druk plein staan, met honderden mensen om ons heen.

Op het terras pakt hij mijn hand vast en begint aan een lang en serieus verhaal. Hij vertelt over zijn dominante moeder. Om aan haar invloed te ontsnappen vertrok hij direct na de middelbare school naar Amerika. Hij bleef daar anderhalf jaar totdat zijn visum verlopen was en hij terug moest. In die anderhalf jaar had hij alleen maar gefeest en geteerd op de zakken van rijke, oudere vrouwen.

'Ik wilde in Amerika gaan studeren. Mijn moeder zei altijd dat ik te dom was om te leren en dat ik maar gewoon monteur moest worden in het loodgietersbedrijf van mijn vader. Maar in plaats daarvan was ik alleen maar aan het feesten. Het was zo makkelijk om daar rijke vrouwen te versieren. Ik woonde met een twintig jaar oudere vrouw in een enorm penthouse dat over Central Park uitkeek. We gingen veel naar Studio 54. Ze nam me mee skiën in Aspen. Ik had even een droomleven. Maar ik deed niks, dus mijn studievisum verviel en ik moest terug naar Nederland.'

Bij zijn terugkeer moest hij erkennen dat zijn moeder misschien gelijk had gehad. Zijn zelfvertrouwen was niet toegenomen door dit buitenlandse avontuur. Hij voegde zich met tegenzin weer naar haar wil en ging aan de slag in het ouderlijk bedrijf.

Tot zijn verdriet bleek hij op vrouwen te vallen die op zijn moeder leken. Vrouwen die hem ook steeds wilden overheersen en het gevoel geven dat hij niks voorstelde. Zijn eerste echte relatie na Amerika was met zo'n vrouw. Hij was een beetje bang voor haar, maar tegelijkertijd was zij ook de prikkel die hij nodig had om wat van zijn leven te maken. Hij begon zijn eigen bedrijf, was al snel succesvol met meerdere vestigingen en verdiende geld als water. Zij wilde trouwen, volgens Alec om haar financiële toekomst veilig te stellen. Hij wilde niet en zon op mogelijkheden om de relatie te verbreken, ook al voelde hij zich afhankelijk van haar voor zijn zakelijke successen. Maar zij begon alles in gang te zetten voor de trouwerij. Tijdens de ceremonie zei Alec 'nee', tot grote hilariteit van iedereen. Terwijl hij het meende. Maar de ambtenaar vond het ook een goeie grap en de plechtigheid ging door. Alec tekende de akte en zat aan haar vast.

Hij was vijf jaar met haar getrouwd geweest. Zij wilde een kind. Hij wilde dat niet. Maar ze werd toch zwanger. Er werd een dochtertje geboren. Ik voel het bloed naar mijn wangen stijgen als Alec dit zegt. 'Ja, ik heb dus een dochter, die nu vijftien is. En ik heb ook nog een zoon van tien,' zegt hij er plompverloren achteraan.

Ik weet niet hoe ik moet reageren. Ik ben van slag door zijn verhaal. Dat hij kinderen blijkt te hebben vind ik op zich geen probleem, maar dat wij zes weken alles met elkaar deelden – dacht ik – en dit hele stuk van zijn leven verborgen bleef vind ik moeilijk. Ook het verhaal eromheen maakt dat mijn beeld van de succesvolle man die weet wat hij wil nog verder afbrokkelt. Hier zit geen man die controle heeft over zijn eigen leven, hier zit een slachtoffer. Ik zie hem ineens met andere ogen.

Hij vertelt verder over het einde van zijn huwelijk. Toen zijn vrouw voor de tweede keer zwanger bleek is hij vertrokken. Zijn zoon is geboren toen zij al uit elkaar waren. Er gebeurde waar hij al bang voor was. Zijn zakelijke zelfvertrouwen liep een deuk op toen zijn thuisbasis er niet meer was. Hij verkocht zijn bedrijf en belandde in een situatie die hij zelf zijn zeven jaar durende burn-out noemt. Hij kocht een zeilboot en het huis waar hij nu nog altijd woont. Vijf jaar lang was hij het huis aan het verbouwen. Het was zijn manier om de realiteit te ontvluchten. En eigenlijk heeft hij sindsdien nooit meer zijn draai kunnen vinden. Niet in werk en niet in relaties. Hij rotzooit maar wat aan in kortdurende contacten. Met zijn kinderen heeft hij heel weinig contact.

Ik zeg dat ik niet snap hoe iemand zijn eigen kinderen aan hun lot kan overlaten. Ik zie hem in elkaar krimpen. 'Die emotie had ik in het begin natuurlijk ook. Met mijn dochtertje had ik al echt een band toen ik wegging. En mijn zoon, mijn enige zoon, is geboren zonder mij. Ik was er niet voor hem en ik ben er ook nooit voor hem geweest. Dat is heel pijnlijk. Ik schaam me ervoor, nu nog steeds. Maar als je jarenlang in een machtsstrijd zit om die kinderen raken de pijn en de schaamte naar de achtergrond. Dan draait het alleen nog maar om ergernis, snap je? In de eerste jaren zag ik ze nog regelmatig. Maar mijn ex gebruikt de kinderen om controle over mij te houden. Tot de dag van vandaag wil ze mij niet loslaten. En ik kan de kinderen alleen maar in mijn leven hebben met haar in een of andere vorm erbij. Uit zelfbescherming wil ik dat niet.'

Hij vertelt dat hij tot twee jaar terug nog in allemaal juridische procedures verwikkeld zat over de alimentatie en zo.

'Ik denk dat het daardoor komt dat ik me nog altijd niet heb kunnen settelen. Dat juridische gedoe heeft me belemmerd om weer een normale relatie met iemand op te bouwen. Ik ben blij dat het nu allemaal achter de rug is.'

Hij ziet er moe en oud uit, valt me ineens op. Zijn ogen staan wild, een rare blik, die ik niet herken. Het is duidelijk een onderwerp waar hij niet goed over kan praten. Het kost hem erg veel moeite om mij dit allemaal te vertellen. Het oprakelen doet pijn.

'Dit is waarom ik wegdook tijdens de wintersport, snap je?' zegt Alec. 'Als ik wat langer dan een paar weken met een vrouw ben waar ik toekomst in zie kom ik op het punt dat ik dit moet vertellen. En meestal haak ik dan af. Op wintersport wemelde het van de leuke vrouwen. Het was makkelijker om een nieuwe te versieren dan bij thuiskomst jou de waarheid over mijn leven te moeten vertellen.'

Ik denk dat ik het begrijp. En nu heeft hij wel de moed gevonden om het mij te vertellen, maar ik kan niet ontkennen dat het invloed heeft op mijn kijk op hem. Ik zeg dat het allemaal veel is om te verwerken en dat ik even niet weet wat ik er nu over moet zeggen. Dus schakelen we over naar een luchtiger onderwerp.

We praten over de zeiltochtjes die we gaan maken zodra het iets warmer wordt. Ik weet nog dat Alec me in de eerste week nadat ik hem ontmoette enthousiast vertelde over zijn boot.

O nee, dacht ik, weer een man met een zeilboot.

Met Arthur had ik twintig jaar een zeilboot. Ik kan me niet herinneren dat ik er een dag met plezier naartoe ging. Na onze scheiding hield hij de boot en ik de paarden. Prima deal, ik heb er nooit spijt van gehad. Ik weet niet precies wat me zo tegenstond aan zeilen. Ik vond het altijd een hoop gedoe. Bij een motorboot draai je de sleutel om en vaar je weg. Maar zeilen vergt altijd een enorme voorbereiding. Het weer en de getijden moeten nauwkeurig bestudeerd worden. Voor vertrek ben je in mijn beleving uren bezig met zeilen ordenen en hijsen. Overal zijn touwen. Je kunt geen twee minuten rustig zitten, want er moet telkens weer een handeling worden verricht. Dat ene touwtje wat strakker, dat andere een beetje losser. Een fok erbij? De genua eraf? Zeilen is een serieuze bezigheid, hoor, bijna een wetenschap. Met plezier en ontspanning had het allemaal niet zoveel te maken in mijn herinnering. Wij waren ook zo'n stel dat je 's zomers in een drukke sluis vaak ziet. De man blaft commando's om zijn onzekerheid te verbergen. De vrouw rent zenuwachtig rond met de touwen in een poging om aan te leggen en doet dan net alles fout, met enorme openbare ruzies tot gevolg.

Arthur ging vaak zonder mij zeilen. Elke zomer huurde hij met een groep vrienden een platbodem om een week op de Waddenzee te vertoeven. Ik moest er niet aan denken om mee te moeten op zo'n tripje. Droogvallen op het wad zonder sanitaire voorzieningen, bij de gedachte eraan kreeg ik koude rillingen. Maar Arthur kreeg er de smaak van het platbodemzeilen te pakken. En dus moest ons open zeilbootje plaatsmaken voor een stalen zeeschouw met kajuit. Ik weet nog dat we terugreden uit Friesland toen de koop beklonken was. Arthur wilde onze nieuwe aanwinst een andere naam geven. 'Om nou de naam van de vrouw van de vorige eigenaar op je boot te hebben vind ik niks.'

Vrouwe Johanna paste wel bij het oubollige bootje waarvan we net eigenaar waren geworden vond ik, maar er moest dus een andere naam komen.

'Nou ja, dan moet je een naam kiezen van iets wat belangrijk voor je is,' probeerde ik hem op weg te helpen.

O ja, dat was een goed idee. Een week later zag ik dat hij in de schuur bezig was met het frezen van letters in een plankje. Het nieuwe naambordje voor onze boot. VROUWE POEKA stond erop. Arthur had de boot genoemd naar onze kat. Ik had me toen al moeten realiseren dat onze relatie zijn beste tijd had gehad.

Maar goed, Alec houdt van zeilen. Hij heeft een eigen zeilboot, dus op een mooie warme dag begin juni gooi ik mijn bikini in de tas en ga ik met hem mee. Ik voel me al snel heel fijn aan boord. Veel meer op mijn gemak dan ooit met Arthur op onze boot. We varen ongeveer twee uur op het Grevelingenmeer. Ik lig in de armen van Alec terwijl hij stuurt en dat voelt heerlijk. Zo is zeilen wel leuk! Ik trek mijn witte zomerjurkje uit, tot genoegen van Alec. Na de lunch maakt hij een bedje in de kuip. Hij doet alsof hij voor het eerst ontdekt dat daar een kussen op de grond in de smalle ruimte tussen de bankjes past. Voor hoeveel vrouwen zal hij dit bedje al hebben gemaakt? Ik besluit me er vandaag niet druk over te maken. Ik ben nu gelukkig, met deze man, op deze plek. Morgen zie ik wel weer verder. Ik voel me zo ontzettend vrij. We storen ons niet aan de andere boten die voor anker liggen en waarvan de opvarenden vast van een afstand onze onstuimige vrijpartij wel kunnen zien.

Het deert ons niet, wij zijn alleen in onze gelukkige wereld.

Ik geniet van de liefde die ik voel als ik tegen hem aan lig. En van de trots, trots op mezelf. Vrij en onbekommerd leven, dat was mijn doel. En vandaag heb ik voor het eerst van mijn leven genoten op een zeilboot, zonder me druk te maken over wat dan ook.

Als we eind van de middag terugvaren is de wind flink aangetrokken en wordt het een echte zeiltocht. Ik moet hard werken als we overstag gaan om de zeilen strak te trekken. Alec legt me geduldig uit wat ik moet doen. Het blijkt helemaal niet moeilijk, laat staan een reden voor stress of ruzie zoals ik dat gewend was met Arthur. Ik voel me sterk als ik mijn spieren voel branden van het lieren terwijl ik nog nagloei van de fantastische seks. Dit smaakt naar meer, naar heel veel meer.

De weken daarna zullen we vaker op zijn boot stappen. En elke keer is het net zo fijn als tijdens die eerste tocht. Maar de magie is vaak alweer weg zodra we in de auto zitten op weg naar huis. Zolang we op de boot zijn is er geen buitenwereld. Zijn er geen andere vrouwen. Ken ik geen onzekerheid. Maar zodra we van boord stappen keert de angst weer terug. Ik durf Alec niet meer te vertrouwen en dus doe ik steeds stoer tegen hem. Ik laat in alles merken dat ik hem niet nodig heb en dat er ook andere mannen in mijn leven zijn. Ik houd Alec op afstand, maar ben tegelijk teleurgesteld over de afstand die ik voel.

Want afstand is er zeker, tussen onze ontmoetingen door hoor ik soms weken niks van hem. Het lijkt alsof hij steeds weer wegduikt. Ondanks de fijne zeiltochten kom ik toch telkens verdrietig thuis. Deze verhouding maakt me onge-lukkig en ik besluit ermee te stoppen.

Maar stoppen met zeilen, daar moet ik niet aan denken.

Op een feestje ontmoet ik een vrouw die mij vertelt over haar reisbureau in zeilreizen. Ik wist niet dat het bestond! Je kunt dus gewoon in je eentje gaan zeilen in het buitenland. Meezeilen heet dat. Het kan zelfs als je geen zeilervaring hebt. Ik hang aan haar lippen en ze zegt: 'Ik heb toevallig volgende week nog een plekje vrij op een boot in Grieken-land, als je zin hebt kun je gaan.'

En zo vaar ik niet veel later weg vanaf Kos. Op een boot van vijftien meter met twaalf mensen aan boord die ik niet ken. Dat klinkt misschien als een nachtmerrie, maar het wordt een feest. Zeilen op een blauwe zee is nog weer zoveel mooier dan de tripjes die ik met Alec op de Zeeuwse wate-ren maakte. Hoe is het mogelijk dat ik hier twintig jaar lang een hekel aan had? Ik geniet van elke minuut, vooral als ik in mijn eentje voor op de punt zit. Mijn benen onder de re-ling door gestoken. Mijn tenen raken het water bij elke golf. Passagiers mogen niet op dat heerlijke plekje zitten tijdens het zeilen op open zee. De kapitein, Frank, probeerde me daar op de eerste dag weg te halen, terug naar de veel te volle kuip waar iedereen zat.

'Ik ben geen kluitjesmens, Frank,' legde ik hem uit. '*I am a loner, cruisin' with the wind*,' zong ik hem lachend toe. Hij accepteerde deze uitleg met een knipoog en bromde dat hij niet zou stoppen als ik overboord sloeg.

I am a loner, ja, maar dat neemt niet weg dat ik de hele dag door aan Alec denk. Ik ben trots op mezelf dat ik hier ben en dat ik me goed en op mijn gemak voel. Ik heb ontzettend veel plezier met de mensen aan boord. We gaan veel stappen in de havens waar we aan het einde van de dag aanleggen, we zwemmen in mooie baaitjes en wisselen 's avonds aan dek levensverhalen uit. Er ontstaan warme vriendschappen. Maar ik mis Alec. Ik had hier met hem willen zijn en heb ondanks het leuke gezelschap soms een verloren gevoel als ik denk aan wat hij nu doet in Nederland. Ik verbind zeilen nog altijd met hem, ondanks mijn geweldige tijd hier.

Zodra ik weer thuis ben bel ik de vrouw van het zeilreisbureau. 'Waar kun je met kerst zeilen? Want ik wil zo snel mogelijk weer op een boot zitten.'

Dan moet ik naar het Caribische gebied, verzekert ze me. Dat is een mooi vooruitzicht. Met kerst vaar ik langs palmbomen.

3 Nog geen kerst

Alec is dus nog niet uit mijn systeem, merkte ik op de boot in Griekenland. En ik blijkbaar ook nog niet uit dat van hem. Hij belt me al terwijl ik nog aan boord ben en ik spreek toch weer met hem af om nog een keertje te gaan zeilen zodra ik terug ben in Nederland. Ik rijd naar zijn huis. Als hij de deur opendoet is het niet de ontmoeting uit een romantische film. Ik vind het fijn hem weer te zien, maar mijn hart maakt bepaald geen sprongetje. En hij kijkt ook niet naar mij zoals eerdere vriendjes naar me konden kijken, als een cadeautje waar ze zich op verheugd hadden. Terwijl ik weet dat Alec dat wel deed, zich verheugen. Want hij belde me de avond tevoren nog. Ik dacht natuurlijk direct dat het was om af te bellen. Maar hij ratelde enthousiast over de weersvoorspelling en het getijde, de route die we gingen zeilen en meer voorpret.

Als we in zijn woonkamer staan pakt hij me vast. We staan minutenlang in een omhelzing die zo vreselijk goed voelt. We willen elkaar niet loslaten.

'Wat is het toch heerlijk met jou,' zegt hij tijdens het zoenen. 'Het is veel te lang geleden dat ik je zag en voelde.'

Hij laat me wat dingen zien die hij in zijn huis heeft veranderd. En het voelt fijn en vertrouwd om weer bij hem te zijn. Alsof er niet twee maanden tussen zaten.

We rijden naar de jachthaven en hebben het leuk onderweg. Veel te lachen, veel te praten. Hij vertelt dat hij toen ik in Griekenland was twee weken heeft gezeild in Zeeland. Hij heeft een heel rondje gemaakt. Hij was vast niet in zijn eentje op de boot, maar ik durf niet te vragen met wie hij wel was. Te bang voor het antwoord. Hij zeilde ook naar Vlissingen. Mijn vader is daar een grote hijskraan aan het bouwen, een enorm project waar hij Alec altijd over vertelt als ik hem meeneem naar mijn ouders. Alec is net als mijn vader een techneut, dus hij begrijpt zijn enthousiasme en is oprecht geïnteresseerd in de verhalen van mijn vader.

'Is dit de kraan van je vader?' vraagt hij terwijl hij me een foto op zijn telefoon laat zien. Het ontroert me, hij heeft dus aan me gedacht toen hij daar voer. Het is een andere kraan.

'We gaan samen naar Vlissingen varen, liever. Dan wijs jij mij gewoon de goede kraan aan, oké? Vlissingen is een tochtje van twee à drie dagen, als de zomer een beetje aanhoudt kunnen we dat misschien binnenkort doen.'

Hij vertelt enthousiast over de stadjes die we op weg daarnaartoe aan zullen doen. Het zou de eerste keer worden dat we een paar dagen achtereen op zijn boot verblijven.

'Als dat goed gaat maken we volgend jaar de oversteek naar Engeland. Ik wil graag eens een grotere tocht maken over zee,' zegt mijn zeerover. 'Leuk om dat met jou te doen. Jij hebt al zeezeilervaring opgedaan in Griekenland, hè? Heb je wel een beetje opgelet daar?'

Ik reageer overal enthousiast op. Samen plannen maken voor de nabije toekomst voelt heerlijk. Ik schakel mijn verstand uit en laat me weer even meevoeren in de droom.

Voordat we aan boord gaan doen we inkopen in de supermarkt. En daar raak ik voor het eerst weer heel erg verliefd op hem. Het klinkt vast kneuterig, maar ik vind het altijd heerlijk om met hem inkopen te doen. Samen boodschappen doen voelt een beetje als het hebben van een relatie. Samen beslissen: 'Zullen we dit of dat eten vanavond?' Alec geniet in de supermarkt als een klein jongetje bij de Bart Smit. Ruiken aan het fruit, de zalm drie keer terugleggen voordat hij besluit om hem toch mee te nemen. Ik zie mensen blij naar ons kijken, ze worden vrolijk van ons geluk. En ikzelf ook. Ik laat Alec lezen wat ik vanochtend twitterde toen ik onderweg was naar hem. *Still got the blues for you.*

Eenmaal aan boord wordt echter het zaadje geplant voor mijn latere, onzekere ontploffing. Ik trek mijn bikini aan en hij smeert mijn rug in. Maar dat gaat allemaal nogal mechanisch. Ik voel geen passie of verlangen van zijn kant. Ik heb deze man dus twee maanden niet gezien en hij reageert nauwelijks als ik halfnaakt voor hem sta met mijn door de Griekse zon gebruinde lijf. Ik ben teleurgesteld en het maakt me verdrietig. We zeilen een flink stuk en dat is heerlijk als altijd. We gaan voor anker voor een eilandje. Dat hebben we vaker gedaan en het leidde altijd tot wilde seks in de kuip. Nu niet. Ik lig te zonnen en hij gaat wat rommelen en klussen op zijn bootje. Plankje vastschroeven, oventje installeren, liertje doorsmeren. Ik geniet wel van mijn plekje in de zon. Maar ik voel geen enorme verbondenheid met hem, de intimiteit blijft uit. Terwijl hij zeker lief voor me is. Hij komt me wat te drinken brengen, vraagt of ik wel lekker lig, haalt een extra kussentje voor me, hangt een schermpje voor me op tegen de wind. Hij is duidelijk helemaal in zijn hum. Klussen op zijn bootje is voor hem totaal geluk.

Ik kijk naar hem. Hij ziet er een beetje verslonsd uit. Zijn krullen zijn te lang geworden, hij is afgevallen en zijn broek wappert om zijn lijf, vastgesnoerd met een riem. Zijn witte T-shirt is een beetje groezelig. Ik kijk naar hem en vraag me af of ik nou echt zoveel van hem houd als ik mezelf de laatste maanden heb wijsgemaakt. Ik durf niet meer van hem te houden, denk ik. Ik voel me emotioneel verwaarloosd door hem vandaag. Hij lijkt meer te genieten van het klussen op zijn bootje dan van mijn gezelschap. Ik loop de kajuit in om mijn jurkje aan te trekken, want de wind wordt kil.

'Heb je al honger, lieverd?' vraagt hij terwijl hij een paar aardappelen pakt. 'Is dit genoeg? Ja hè, meer krijg je niet, want jij geniet ook van het goede leven zo te zien,' plaagt hij terwijl hij met zijn vinger in mijn buik prikt.

Het is alsof hij met die opmerking de lont aansteekt in mijn kruitvat van onzekerheid dat zich al de hele dag vult.

'Ik heb verdomme een retestrakke buik. Iedereen is altijd jaloers op mijn platte buik met spieren van het wedstrijdroeien. En dan beweer jij dat ik een buikje heb?'

De eerste opmerking die hij maakt over mijn lijf na een dag in bikini langs hem paraderen is over mijn niet-bestaande buikje!

'Wat ben je toch ook een lomperik!' schreeuw ik boos, waarna ik buiten in de kuip ga zitten mokken.

Hij gaat uiterlijk onverstoord verder met eten klaarmaken. Maar de stemming is beneden het vriespunt gedaald. Ik voel wel dat we allebei verdrietig zijn.

'Ik baal nu zo dat ik op een boot zit waar ik niet vanaf kan,' zeg ik. 'Waarom krijg ik bij jou toch altijd een klotegevoel over mezelf? Ik heb spijt dat ik hier ben.'

Alec zucht en reageert niet. Hij kent het thema. Het is al vijftig keer eerder gebeurd. Normaal graai ik dan met veel drama mijn spullen bij elkaar en vlucht naar huis, in de vaste overtuiging dat het over is tussen ons en dat ik hem nooit meer wil zien. Omdat ik niet kan vluchten deze keer moeten we er wel over praten.

'Jij geeft me hetzelfde gevoel dat ik de laatste jaren van mijn relatie met Arthur ook steeds had. Mijn aanwezigheid wordt gedoogd in plaats van gewaardeerd. En ik voel dat er niet van me gehouden wordt. Dat ik niet geliefd ben. Dat ik niet leuk genoeg ben. Niet mooi genoeg ben. Al met al een ultiem rotgevoel,' probeer ik uit te leggen.

Tijdens het eten praten we erover verder.

'Jij bent gewoon een harde vrouw. Niet lief. Je doet mij pijn met jouw opmerkingen. Ik doe al de hele dag mijn best voor jou. Ik beheers me netjes en raak je nauwelijks aan omdat je door de telefoon al had gezegd dat we alleen maar gingen zeilen, dat je geen seks met mij wilde hebben. En ik wil niet dat je, net als de vorige keer toen je hysterisch bij mij wegreed, mij er weer van beschuldigt dat ik je altijd als een goedkope hoer behandel. Weet je hoe vaak je dat al ten onrechte tegen mij hebt gezegd?'

Ik kijk beschaamd naar de tafel. Durf hem niet aan te kijken. Bang dat ik moet huilen.

'Ik behandel je al de hele dag als een prinsesje. Ik sleep met drinken en kussens en windschermpjes. En dan ga je ineens zo tekeer over helemaal niets, terwijl ik alleen maar mijn best doe om jou te respecteren. Ik weet het soms gewoon niet meer met jou, Maud. Ik kan het nooit goed doen. Alles moet precies zoals jij het wilt en dan word je alsnog kwaad op mij.'

Ik weet dat hij gelijk heeft. En dat mijn ontploffing nergens op sloeg. Bovendien heb ik de hele dag veel ergere dingen tegen hem gezegd dan zijn ene opmerking over mijn buik. Ik heb hem geplaagd met zijn kwaliteiten in bed. Ik heb stoer gedaan over de andere mannen met wie ik contact had in de tijd dat ik hem niet heb gezien. Daarbij heb ik het herhaaldelijk over één specifieke man gehad, terwijl ik weet dat ik hem daar pijn mee doe. En ik weet zeker dat ik dan nog dingen vergeet. Ik probeer hem uit te leggen waardoor dat komt.

'Jij maakt dat ik me altijd onzeker over mezelf voel. En je hebt al vaker rotopmerkingen over mijn lijf gemaakt. Al zolang ik je ken doe je dat. Hoe vaak heb je al niet gezegd dat ik mijn tieten een beetje op moet laten vullen?' Ik weet wel dat mijn beschuldigingen onterecht zijn. Hij heeft af en toe weleens een grapje over mijn lijf gemaakt, zoals nu weer over mijn buik, dat bij mij snoeihard aankomt. En dat inbrandt. En alle positieve opmerkingen – die hij veel vaker maakt – verbleken erbij. Ik onthoud alleen die paar negatieve dingen.

'Maar hoe komt het dan dat je dat bij mij zo voelt?' wil hij weten. 'Heb je dat bij andere mannen dan niet?'

'Nee, dat heb ik inderdaad niet. Ik voel me bij andere mannen meestal super over mezelf,' vertel ik hem naar waarheid.

Ik kauw nog eens op zijn vraag. Gek wel, inderdaad. Met andere mannen speel ik en ik gebruik mijn lijf daarvoor als het moet. Schaamteloos en onverschrokken leven zoals ik mezelf ten doel had gesteld. Ik krijg ook best veel complimenten. Ik heb dat onzekere gevoel, dat zo ontzettend diep gaat, echt alleen bij hem. Hij zet de klok terug. Bij hem voel ik me altijd weer de oude, lelijke, waardeloze Maud. Misschien komt het omdat ik hem te snel na mijn scheiding heb ontmoet. Toen ik er nog niet klaar voor was.

'Je hoeft je bij mij nooit onzeker te voelen, Maud. Ik vind je prachtig. Dat zeg ik vaak genoeg tegen je. Jij hebt alles in je waardoor ik echt van je zou kunnen houden. Alle ingrediënten zijn aanwezig. Maar soms kun je ook zo hard, kil en zakelijk doen. Ik vind dat jij je heel vaak niet kwetsbaar opstelt. Ik schrik dan van je hardheid. Vandaag ook weer. Je gaat wild om je heen slaan omdat jij je onzeker voelt. En daarmee doe je mij verdriet. Ik denk dat je daarom geen relatiemateriaal bent voor mij.'

Ik schrik van zijn duidelijkheid, maar zie wel in dat ik de boel totaal heb overdreven. Hij doet zijn best om mij een leuke dag te bezorgen en dan vaar ik tegen hem uit om niets en zeg ik dat ik niet mee had moeten gaan.

'Het spijt me, Alec, je hebt gelijk, dat zie ik nu wel. Jij hebt niets fout gedaan vandaag.'

Hij kijkt me verdrietig maar ook berustend aan.

'Soms werkt het nou eenmaal niet tussen twee mensen, hoe leuk ze elkaar ook vinden. Ik weet wel dat jij slecht met mijn onverschilligheid om kunt gaan. Maar zo ben ik nu eenmaal, die houding heeft niks met jou te maken. En ik ben zelf gewoon ook heel erg moeilijk in relaties,' besluit hij zijn betoog.

Ik voel dat ik de regie kwijt ben. Het geluk lag voor het grijpen, maar het glipt weer uit mijn handen.

Shit.

Waarom heb ik het nu weer zo verpest?

Ik doe de afwas en we zeilen terug naar de haven.

De goede sfeer van vanochtend is terug. Zoals het eigenlijk altijd fijn is tijdens het zeilen. Alec is lief voor me. Ik heb zijn dikke wintertrui aan en hij zegt dat die me zo leuk staat. Dat ik die vaker aan moet doen. Hij houdt me lekker vast terwijl hij stuurt. Eindelijk voel ik de intimiteit waar ik vanmiddag zo naar verlangde. Als we terug zijn bij mijn auto op het parkeerterrein van de jachthaven pakt hij me weer net zo lekker vast als vanochtend in zijn huis.

'Je was zo mooi net toen je voor me liep op de steiger met die lange benen van je. Ik zou willen dat we niet weg hoefden. Ik wil met jou op de boot blijven slapen.'

De hele weg naar huis houd ik zijn hand vast terwijl hij rijdt. Het voelt zo fijn. We praten. Diepe gesprekken. Over het leven, over zijn kinderen, over het feit dat hij zijn draai zakelijk niet meer kan vinden. Dat hij niet goed weet wat hij aan moet met zijn leven.

'Ik ben trots op jou, om wat jij allemaal onderneemt,' zegt hij. 'Jij ziet wel altijd oplossingen. Ik vind het fijn om met jou over dit soort dingen te kunnen praten. Wij hebben altijd wel gespreksstof, hè? Meestal rijd ik na een dagje varen naar huis en denk ik: shit, ik moet nog een uur met dit wijf in de auto zitten en ik heb geen tekst. Met jou heb ik dat nooit!'

Zijn opmerking over een ander 'wijf' met wie hij gaat zeilen voelt als een zweepslag. Ik weet dat er altijd andere vrouwen in zijn leven zijn. Maar dat hij ook met ze gaat zeilen is gewoon te pijnlijk om te moeten horen. Maar ik druk de paniek die ik weer op voel komen weg.

We komen opnieuw op het thema relaties. Hij zegt dat hij toch wel heel graag een relatie wil, ondanks zijn bindingsangst. Omdat hij het niet meer fijn vindt om zoveel alleen te zijn. Maar dat het wel honderd procent goed moet voelen. Hij zegt het niet en ik durf het niet te vragen, maar ik interpreteer het – alweer, want dit gesprek hebben we vaker gehad – als: 'Ik wil wel een relatie, maar niet met jou, want met jou voelt het niet honderd procent goed.' En als hij dan ook nog zegt dat hij gisteren na zijn telefoongesprek met mij een uur met een 'wijf' heeft zitten chatten van wie hij hoofdpijn kreeg, gaat de paniekknop in mijn hoofd toch weer om. We staan alweer bijna bij hem voor de deur van zijn huis. En ik zit door deze twee opmerkingen volop in de *run like hell*-stand. Ik wil naar huis, een deken over mijn hoofd trekken en huilen. We stappen uit, hij probeert me nog even vast te pakken en te zoenen, maar ik kap het af en stap snel in de auto. Hij praat tegen me, dus ik doe het raampje open.

Hij zegt: 'Laten we volgende week weer gaan zeilen en dit allemaal eens evalueren. We moeten er nog eens rustig over verder praten als we er een paar nachtjes over hebben kunnen slapen.'

'Nee, Alec, dit was een eenmalig experiment. Ik heb nog één keer geprobeerd of ik gewoon met je kan omgaan en ervan genieten. Maar ik kan het dus niet. Ik rijd hier nu weer met een rotgevoel vandaan. En dat wil ik niet meer. Ik word er ongelukkig van met jou om te gaan. Dus het blijft bij deze ene keer. Ik ga nu naar huis. En dan gaan we elkaar echt niet meer zien.'

Hij zegt dat ik niet zo dramatisch moet doen en dat ik nu geen besluit over onze toekomst moet nemen. En wenst me wel thuis.

4 Exit landlevendroom

De boerderij staat al te koop vanaf het moment dat Arthur bij me wegging. Ik heb hem uitgekocht en mezelf sinds onze breuk wijsgemaakt dat ik hier graag wil blijven wonen. Omdat het wonen op een boerderij altijd mijn grote droom was. Op ons afgelegen plekje midden in het Naardermeer leefden we een tijdje de landlevendroom. De paarden, de kippen, de schapen, de boomgaard, de hooiberg, de paardrijbak met verlichting, het was alles waar ik jarenlang van gedroomd en naar verlangd had. En ik had er heel hard voor gewerkt om het waar te maken. Voor mijn vijfendertigste wilde ik op een boerderij wonen. Twee maanden voor die verjaardag verhuisden we ernaartoe. Doelen stellen en behalen, daar houd ik van.

Maar ergens in de zes jaar dat ik er met Arthur woonde was de droom omgeslagen in een nachtmerrie. We waren elkaar kwijtgeraakt op die tweeënhalve hectare grond vol met oude schuren en een boerderij die nog gerenoveerd moest worden. Ik kan het moment niet echt aanwijzen dat de slinger ineens naar de andere kant was doorgeslagen. HAPPINESS IS A PLACE BETWEEN TOO LITTLE AND TOO MUCH stond op het schildje dat ik op de broeikas had geschroefd waarin ik elk jaar de groenten voor de enorme moestuin en de petunia's voor de siertuinen rondom de boerderij kweekte. Het schijnt een oud Fins spreekwoord te zijn. Ik had dat schildje ooit opgehangen om mezelf te temperen in mijn enthousiasme als ik in de winter al begon met zaaien. Want ik verloor mezelf in het kweken van groente en petunia's daar op de boerderij. In het voorjaar stond ik hele weekenden in mijn kas plantjes te verspenen. Het begon op werk te lijken in plaats van een hobby. Dat is sowieso een beetje het probleem met het wonen op een oude boerderij. Het vreet je hele leven op. Maar ik vond dat heerlijk. Ik was doordeweeks heel druk met carrière maken, zat lange dagen opgesloten in een saai kantoorpand buiten de ring van Amsterdam. In het weekend vond ik mijn rust op het erf en in de tuin. Ik was vijfendertig jaar oud en was de vrouw die alles had. De man, de boerderij, de topbaan, de paarden, de zeilboot, de mooiste hond van de wereld, de schapen, de katten, de Saab Cabrio voor op zondag en de Land Rover van de zaak voor doordeweeks. Het bleek *too much*. *Too much* bezit en verplichtingen en *too little* geluk. Arthur was de eerste die het in de gaten had en stoer genoeg was om zijn conclusies te trekken. Hij ging. Ik bleef. Maar ik zette de boerderij wel te koop, zonder de overtuiging dat ik deze plek echt wilde verlaten.

Dat moment kwam pas toen ik terugkeerde van mijn zeilreis in Griekenland. Het gras groeide bijna tot in de dakgoot. De moestuin was overwoekerd met onkruid. Het land had gehooid moeten worden. De hortensia's in de voortuin waren verdord. En in plaats van me daar schuldig over te voelen was ik bezig met het plannen van mijn volgende zeilreis. Dit boerenleven paste niet meer bij me. Eerder dat jaar had ik bij Alec op de bank al eens sommetjes zitten maken om uit te rekenen tegen welke prijs ik van de boerderij weg zou willen en kunnen. Alec moedigde me aan om er weg te gaan en mijn leven meer *turnkey* in te richten. Hij deed dat niet zozeer uit zorg om mijn welzijn, maar meer omdat hij het haatte als we eerder van het zeilen moesten terugkeren omdat mijn hond aandacht wilde of de paarden op stal moesten.

Terug uit Griekenland belde ik mijn makelaar en zei ik dat ik drie ton wilde zakken met de vraagprijs.

'Ik wil voor het eind van het jaar hier weg. Regel het maar.'

In november is de boerderij daadwerkelijk verkocht. En nu heb ik vijf weken om een ander huis te vinden en de zeven schuren en stallen uit te ruimen. Een helse klus, want een mens verzamelt dingen in twintig jaar tijd, zeker als je altijd ruimte genoeg had. Bovendien moet ik afscheid nemen van de meeste dieren. Er breekt een drukke, heftige en emotionele tijd aan. Alec sleept mij erdoorheen. Ja, Alec. Sinds mijn dramatische afscheid na ons laatste zeiltochtje hoorde ik niets meer van hem. Weken werden maanden. Na een maand of drie ging ik ervan uit dat hij deze keer echt voorgoed uit mijn leven was. Normaal gesproken dook hij altijd binnen zes weken wel weer op. Maar nu ging de zomer over in de herfst zonder teken van leven van hem. Ik had er al een beetje vrede mee. Deze man maakt mij toch alleen maar ongelukkig, hoeveel ik ook van hem houd. Maar ineens, een paar weken geleden, was hij er weer. Hij had een account op Twitter aangemaakt. IBDWVJ was zijn nickname. Ik Ben De Ware Voor Jou. Hij volgt maar één persoon, mij.

En mengt zich in een conversatie die ik op Twitter heb met een paar vriendinnen over waar we dat weekend gaan dansen.

'Mag ik mee?' vraagt hij.

En zo stormt hij mijn leven weer binnen. Ik ben er dankbaar voor. Zijn timing is geweldig. Tijdens mijn verhuizing demonteert hij mijn geluidsinstallatie, rijdt de gehuurde vrachtwagen heen en weer tussen mijn oude en nieuwe huis en de opslag voor mijn overtollige huisraad en rijdt in de vrieskou mijn tractor – waar geen warme cabine op zit – naar mijn ouders. Ik zie zijn wapperende haren in de koude wind nog voor me. Mijn stoere zeerover op een tractor, dat beeld klopte niet.

In mijn nieuwe huis hangt hij de lampjes op en monteert hij de badkamerkastjes. Ik voel me ultiem gelukkig. We maken met mijn hondje lange wandelingen in de sneeuw op de hei in mijn nieuwe woonomgeving. Tijd om mijn huis een beetje in te richten gun ik me niet. We pendelen heen en weer tussen zijn huis en het mijne. Ik leef vanuit verhuisdozen, want ben te gulzig van mijn tijd met Alec aan het genieten om de tijd te nemen om te settelen in mijn nieuwe omgeving. Die gulzigheid wordt gevoed door het besef dat ik over twee weken vertrek naar de Caraïben, de reis die ik plande direct na mijn terugkeer uit Griekenland. Samen met Alec zit ik met de laptop op schoot op de bank van de voorpret te genieten.

'Kijk, Alec, dit is de boot waar ik straks op zit.'

Alec trekt de laptop uit mijn handen.

'Zo zo, een Jeanneau. Nu ben ik echt jaloers. Precies zo

een had ik twee jaar geleden bijna gekocht in Kroatië. Ik ben er nog met Marco samen naartoe gereden om die boot te bekijken. Ik heb hem uiteindelijk niet gekocht, want ik zou liever de zwaardere uitvoering hebben. Die is net wat degelijker voor op zee.'

Ik kijk hem verbaasd aan, hij is dol op zijn huidige zeilboot. Wat moet hij met een grotere?

'Nou, ik ben het hier in Nederland wel een beetje zat, zoals je weet. Eigenlijk speel ik al jaren met de gedachte om mijn huis te verkopen en een groter zeiljacht te kopen, en daarmee de wereld over te zeilen. Maar ja, dan moet ik wel chartergasten meenemen om in mijn levensonderhoud te voorzien. Ik weet niet zeker of ik daar geschikt voor ben. En ik heb natuurlijk niet zoveel zeezeilervaring. Ik vaar nu alleen af en toe stukjes langs de Noordzeekust. Ik ben niet zo'n ervaren zeezeiler als jij, Maud, met je Griekse avontuur,' zegt hij spottend.

We kijken nog een keer naar mijn Griekse vakantiefoto's en dromen weg bij een leven als schipperspaar op een zeilboot. Samen de wereld rond zeilen. Leven van de wind en af en toe een paar gasten mee om wat geld te verdienen. Hoe heerlijk zou dat kunnen zijn?

'Weet je dat we dat echt zouden kunnen doen als we dat willen, Alec?' zeg ik. 'Ik heb nu een huurcontract voor een halfjaar. De overwaarde van de boerderij staat op de bank. Ik zou morgen zo'n Jeanneau kunnen kopen. Waarom zouden we dat niet doen? We hebben allebei geen verplichtingen, geen vaste banen, geen hypotheken. Jouw kinderen zijn al groot en hebben je niet echt nodig.'

Ik zie het al helemaal voor me. Mijn daadkracht neemt in dit soort gevallen altijd direct de overhand. Weten waar je heen wilt en zorgen dat je er komt is mijn motto. Ik weet waar ik heen wil. Ik wil met Alec op een zeilboot. En de weg ernaartoe ligt open. Alec remt me af in mijn enthousiasme.

'Misschien moet je eerst maar eens die twee weken in de Caraïben doormaken en kijken of je het dan nog steeds een goed idee vindt. Want ik weet niet hoe je dat voor je ziet, hoor, samen op een boot op de oceaan zonder zeezeil-ervaring. Dat klinkt toch als een avontuur dat een maatje te groot is.'

Ik lach zijn bezwaren weg en zit uren naar boten te zoeken op Botentekoop.nl. Alec sputtert verder. 'Het gaat nu al een paar weekjes goed tussen ons, maar dat is weleens anders geweest. Zitten we straks met zijn tweeën op een boot waar je niet zomaar even vanaf kunt. Je kunt dan niet midden in de nacht terug naar huis vluchten. Want je hebt geen huis meer.'

Hm, ja, daar heeft hij wel een punt. Heb ik straks een boot gekocht, duikt de kapitein weer weg met een andere vrouw. Dat is wel een schrikbeeld. Laat ik nou eerst maar eens gaan zeilen, is onze conclusie. Dan zien we daarna wel weer verder. Als ik in de Caraïben zit gaat Alec weer een weekje ski-en met zijn vriend Marco. Net als vorig jaar. En we weten nog hoe dat afliep.

5 Altijd op zee blijven. Waarom niet?

Terug in een winters Nederland blijft het korte gesprek met Jarmund op de steiger van Union Island door mijn hoofd spoken. Omdat ik vlak na de verhuizing van mijn boerderij op reis ging heb ik nog geen tijd gehad om te wennen aan mijn nieuwe situatie. Die dringt pas tot me door na mijn ontmoeting met de Noorse zeiler.

Ik ben vrij, helemaal vrij. Zo vrij als een mens maar kan zijn. Weinig mensen zitten in zo'n unieke positie. *I am a millionaire in time.* Ooit moet ik wel weer beginnen met geld verdienen, maar na twintig jaar carrière maken, netjes leven en de verkoop van de boerderij beschik ik over een aangenaam spaarsaldo. Niet genoeg voor de rest van mijn leven, maar echt druk hoef ik me op de korte termijn niet te maken. Ik heb geen kinderen. Mijn vrienden en familie redden zich ook zonder mij. De verkoop van de boerderij gaf me vrijheid. Er is geen hypotheek meer die mij verplicht om weer serieus aan het werk te gaan. En ik heb bijna geen dieren meer die op mijn zorg rekenen. Mijn paard woont sinds kort bij mijn ouders en kan buitengewoon goed zonder mij. Voor mijn hondje moet ik wel een oplossing verzinnen, maar verder kan ik de deur achter me dichttrekken en maanden, zelfs jaren, reizen als ik dat wil. Er is niet eens een plant in mijn huis die dood kan gaan. En voor Alec hoef ik ook niet meer in Nederland te blijven.

Ik ben zo vrij als een zeemeeuw boven de oceaan. Wat zal ik eens met die vrijheid gaan doen? Het is de vraag die me al een week bezighoudt. In het vliegtuig van Guadeloupe op weg naar huis weet ik het eigenlijk al zeker. Ik ga op avontuur. Ik ga gebruikmaken van de vrijheid die ik dankzij Jarmund heb ontdekt. Ik heb het gevoel dat ik al niet meer terug kan. En ik wil ook niet meer terug naar mijn leven in Nederland. Dat is weliswaar de laatste twee jaar enorm veranderd en verbeterd, maar het heeft nog geen richting. En ik weet dat ik nog even tijd nodig heb om die richting te bepalen. Een zeilreis zonder einde kan me precies de ruimte geven die ik zoek.

Toen Arthur bijna twee jaar eerder bij me wegging realiseerde ik me dat ik het mislukken van onze relatie grotendeels aan mijzelf te wijten had. Ik was altijd zo druk met doelen halen, zakelijk en privé, dat ik vergat om gelukkig te zijn en te genieten van alles wat ik had bereikt. We deden samen ook eigenlijk nooit wat leuks. Tenminste, ik vond het samen op de boerderij werken in het weekend wel ontspannend. Maar voor Arthur voelde dat als sleur, zijn bedrijf was op de boerderij gevestigd, dus hij kwam al weinig van het erf af. En op doordeweekse dagen nam hij de zorg voor de dieren voor zijn rekening, ik vertrok al vroeg naar kantoor en was bijna nooit voor donker thuis. Hij zocht zijn plezier steeds vaker zonder mij, bijvoorbeeld op de zeilvakanties met zijn vrienden.

Een jaar voor onze scheiding gingen we met zijn broer en schoonzusje een lang weekend naar Helsinki. Ik wilde daar graag naar een optreden van Bruce Springsteen en we besloten dat te combineren met een citytrip. In het vliegtuig op de heenweg drong het tot ons door dat we nog nooit samen hadden gevlogen. We waren negentien jaar bij elkaar, maar waren nooit verder gekomen dan af en toe een paar dagen Terschelling of Vlieland. Voor ons werk vlogen we wel geregeld naar het buitenland, maar altijd zonder elkaar. Terwijl Arthur best reislustig was, veel meer dan ik. Ik had hem onbewust tegengehouden om meer van de wereld te zien. Zoals hij mij ook onbewust gevangenhield in een leven dat ik al heel lang niet meer wilde leiden. Sterker nog, ik had dit leven eigenlijk nooit gewild. Toen ik achttien was, een jaar voordat ik Arthur leerde kennen, las ik *Losbandig leven*, een roman van Theo Kars. Het boek opende mijn ogen en maakte me duidelijk waarom ik mijn hele jeugd een latent ongelukkig kind was geweest. Ik herkende dankzij dit boek mijn vrijheidsdrang. Ik wilde niet conventioneel leven, maar groeide op in een polder waar iedereen hard werkt en zo gewoon mogelijk doet. Ik maakte in die tijd al wel andere keuzes dan mijn poldergenootjes. Ik maakte mijn middelbare school af, waarna de meesten gewoon aan het werk gingen op de vrachtwagen, de boerderij, of als hovenier. En ik ging daarna zelfs helemaal naar Driebergen – ver weg voor poldermensen – om een vervolgopleiding te doen. Maar toen leerde ik Arthur kennen en viel ik direct na mijn diploma-uitreiking al in een patroon van samenwonen, huis kopen en hard werken. Erg losbandig werd mijn leven niet. En het lukte me niet om eruit te breken. In de weekenden voelde ik me vaak ongelukkig, maar het werd altijd weer maandag en dan kon ik me weer op mijn werk storten. Ik was werkverslaafd in de zwaarste vorm. Ik maakte snel carrière. Tien jaar werkte ik in de autobranche, daarna stapte ik over naar de mediawereld waar ik snel de top bereikte. Als directeur van een groot mediabedrijf kon ik volledig aan mijn werkverslaving toegeven. Bij mediabedrijven gaat het werk vierentwintig uur per dag, zeven dagen per week door. Ik kon als ik dat wilde zelfs op zaterdagavond op kantoor zitten. En ik geef toe dat dit meer dan eens voorkwam. Omdat ik genoot van mijn werk, maar vooral omdat ik niet wist wat de alternatieven waren. Ik had geen vriendinnen, geen sociaal leven, ik deed niet aan sport en ik had geen hobby's. Voor onze verhuizing naar de boerderij maakte ik graag lange bosritten met mijn paard. We woonden toen aan de rand van het bos, dus ik kon opstappen en wegrijden wanneer ik maar wilde. Hele zondagen bracht ik zo door terwijl Arthur zijn eigen gang ging. Dat was voorbij zodra we verhuisden. Aan het landweggetje waar de boerderij gelegen was, is paardrijden gevaarlijk en niet leuk. Het geweldige natuurgebied om de boerderij heen is door Natuurmonumenten hermetisch afgesloten, mensen mogen er niet komen, laat staan ruiters. Stom genoeg had ik zelf geen rijbewijs om met de paardentrailer naar het bos te kunnen gaan. Daarvoor was ik afhankelijk van Arthur. Hij was zijn belangstelling voor paardrijden al jaren geleden verloren. Zijn paard Buffy stond werkeloos in de weide, samen met dat van mij, want ik kon zelf niet naar het bos. Ik had een Land Rover Discovery van de zaak, een eigen paard en een eigen trailer, maar kon nergens heen. Het kwam niet in mij op om dit probleem op te lossen, simpelweg door even mijn aanhangerrijbewijs te gaan halen.

Het leek alsof ik me door Arthur liet beperken om de dingen te ondernemen die ik echt graag wilde, desnoods in mijn eentje. Het was voor mij samen met hem of niet. En we wilden steeds minder vaak dezelfde dingen. Onze relatie voelde daardoor al jaren als een gevangenis, ook al ervoer ik dat pas zo toen het voorbij was. Toen Arthur zei dat hij niet met mij verder wilde was dat zijn belangrijkste verklaring: 'We zijn niet meer op weg naar hetzelfde.'

Hij had daar gelijk in. Hij zag het eerder dan ik.

Niet alleen Arthur wilde niet meer met mij verder, ook het mediabedrijf waar ik negen jaar werkverslaafd had rondgerend wilde van mij af. Ik was chronisch ziek geworden en heb daar – achteraf bekeken – nog een paar jaar mee doorgewerkt. Tot het niet meer ging en ik me uiteindelijk ziek moest melden. Maar zieke directeuren zijn onhandig en dus werd ik na een tijdje ontslagen, door wrang toeval op dezelfde dag dat Arthur aankondigde dat hij wegging.

Op dat moment voelde het alsof mijn leven met een enorme oerkracht ineenstortte. Ik kon het niet geloven. Mijn carrière, mijn man en mijn gezondheid waren plotsklaps verdwenen. Van de vrouw die kort daarvoor alles leek te hebben was niets meer over. Ik dacht dat ik belangrijk was, voor Arthur, maar ook voor het bedrijf dat ik nooit langer dan een paar dagen alleen liet. Het bleek een waanidee. Iedereen leefde door zonder mij. Ik zat in mijn eentje op de boerderij en niemand leek mij te missen. Ik zou ook niet weten wat of wie ze moesten missen. Ik wist amper wie ik zelf was. Ik was zonder het te merken door de jaren heen in een robot veranderd. Een werkmachine die geprogrammeerd was om doelen te halen. Leren genieten had ik van huis uit al niet meegekregen, maar ik had in de twintig jaar met Arthur niks bijgeleerd op dat gebied. Ik had alles wat echt belangrijk is verwaarloosd: mijn relatie, mijn familie, mijn vrienden en mijn lijf.

'Als jij niet verandert blijf je altijd alleen,' zei Arthur toen hij de deur achter zich dichttrok.

Ik had zijn aansporing niet nodig om te veranderen. Ik snapte ineens waarom ik me al jaren zo ongelukkig voelde. Ik had nu eindelijk de vrijheid en de tijd om alles radicaal te veranderen en mijzelf en mijn leven anders vorm te geven. Want alles kwijtraken levert vrijheid op. *'Freedom is just another word for nothing left to lose,'* zong Janis Joplin al.

Ik droogde mijn tranen en maakte een plan. Ik wilde vooral een leuker leven, besloot ik. Losbandig misschien zelfs wel, als ik dat zou durven. Voor mijn veertigste had bijna alles gedraaid om zakelijk succes, maar voortaan streef ik naar meer plezier, meer geluk, meer voldoening en meer avontuur. Mondhoeken omhoog en schaamteloos en onverschrokken leven is mijn nieuwe motto.

Schaamte van mij afwerpen zorgde voor de grootste doorbraak. Ik had veel nagedacht na het vertrek van Arthur. Hoe kwam het toch dat ik al jaren zo ongelukkig was? Ik ontdekte dat het vooral veroorzaakt werd doordat ik veel dingen die ik graag wilde toch niet deed, vaak simpelweg omdat ik niet durfde. Zakelijk ken ik geen angst, laat staan faalangst. Maar in mijn persoonlijke leven was ik een angstige, sociaal onhandige, eenzame vrouw.

Dat begon al in mijn kindertijd. Ik was een oude geest, een

serieus kind. Mijn puberteit heb ik eigenlijk overgeslagen. Natuurlijk ben ik boos geweest op mijn ouders, zoals elke puber. Maar ik heb nooit gerebelleerd en geëxperimenteerd. Uitgaan, make-up, vriendjes, die hele fase had ik overgeslagen. Niet omdat ik het allemaal niet wilde, maar ik durfde niet. Op zaterdagavond keek ik verlangend naar de groep jongens en meisjes die zich voor het huis van mijn buurmeisjes verzamelde. Zij waren als zusjes voor me, we waren even oud en groeiden samen op. Maar zo rond ons vijftiende jaar raakten we elkaar kwijt. Zij gingen dansen en feesten en ik keek vanachter de vitrage toe hoe ze met veel gelach en kabaal vertrokken. Na mijn derde weigering vroegen ze me niet meer mee. Ik begon me afzijdig op te stellen in het leven, in plaats van er middenin te duiken. Uit angst voor het onbekende.

Arthur was net zo toen ik hem op mijn negentiende leerde kennen. Een wat angstige en verlegen jongen. Daarom bleven wij aan elkaar hangen, denk ik, twee schuwe zielen die allang blij waren dat ze niet alleen overbleven. Romantischer dan dat was onze relatie eigenlijk niet. En toch duurde het twintig jaar. In die periode verlangde ik nooit naar een andere man. Maar wel naar een ander leven.

En dat moment was nu aangebroken. '*Start living*' noemde ik deze fase, geïnspireerd door een liedje van Toby Keith, een Amerikaanse countryzanger. Ik kalkte deze kreet op een schoolbord in mijn keuken, zodat ik er elke dag aan herinnerd zou worden. Ik wilde uitvinden wat *start living* voor mij precies betekende. Ik wilde vooral van mijn angst om te leven afkomen, leren om los in het leven te staan. Niet geremd door angsten of door mensen die mijn ontwikkeling wilden tegenhouden. De ervaring die ik had opgedaan in mijn werk, bij het innoveren van mediabedrijven, paste ik toe op mezelf, op mijn eigen leven. *Start living* begon als een kreet op mijn schoolbord, een ambitie, maar ik maakte er een project van. Compleet met een projectplan, doelstellingen, mijlpalen en evaluaties. Dat klinkt misschien niet zo zen, maar het hielp mij om mijn hoofd koel te houden terwijl ik rondliep in mijn ingestorte wereld.

Door mijn werk ken ik het mechanisme van een ommekeer goed. In de mediawereld zijn er continu radicale veranderingen waardoor je wereldbeeld er plotsklaps anders uitziet. Als je jezelf opnieuw wilt uitvinden, en dat wilde ik, kan het helemaal geen kwaad om innovatietechnieken uit het bedrijfsleven te gebruiken. Ik liet me inspireren door de U-theorie van Otto Scharmer. Ik was in mijn carrière zo ver gekomen omdat ik begreep dat innovatie eigenlijk heel eenvoudig is: je moet weten waar je naartoe wilt en zorgen dat je er komt. Daar gaat het meestal al fout. Mensen en bedrijven willen vaak helemaal niet veranderen, maar voelen hooguit een slecht gedefinieerde angst voor de toekomst. Veranderen lukt alleen als je een overtuigde keuze maakt voor een nieuwe toekomst. Je moet zeker weten dat je verder wilt, naar waar je nog niet was. Ingrijpende veranderingen worden bijna altijd door gebeurtenissen van buitenaf veroorzaakt. Een markt stort in of een concurrent duikt op vanuit het niets. Mensen gaan vaak pas veranderen als ze, zoals ik, worden getroffen door tragedies als ziekte, scheiding of ontslag. Zo'n verandering zou je volgens de theorie van Scharmer kunnen zien als de letter U. Op enig moment in je leven sta je op de top van het ene pootje van die U. Er is nog niets aan de hand, je leeft zorgeloos en ziet geen bedreiging. Maar dan val je er ineens zomaar af. De automatische reactie van mensen en bedrijven is om direct weer naar boven te klimmen als je van de U valt. Terug dat pootje op waar je vanaf viel en alles terugkrijgen wat je had. Maar het is een U. Het is goed om dat te weten. Je valt van een U, altijd, niet van een I. Je stort niet op de grond te pletter, maar je valt in een kommetje, tussen de twee pootjes. En veel beter dan direct omhoog te klimmen kun je even blijven rondzwemmen in dat kommetje om eens goed na te denken over hoe nu verder. Hoe liep je leven tot nu toe? En wil je echt terug naar waar je was? En daar dan altijd blijven? Of klim je aan de andere kant van het kommetje weer omhoog? Langs de andere poot van de U. Naar een heel ander leven, een heel ander speelveld.

Ik zwom een tijdje rond in het kommetje en probeerde me voor te stellen hoe het leven eruit zou kunnen zien op de top van dat andere pootje van de U.

Ik kon door mijn ziekte niet meer terug naar de zware directiefuncties waarin ik de laatste jaren veel te hard had gewerkt, maar ik wilde dat ook helemaal niet. Ik wilde de creativiteit in mezelf opzoeken en misschien zelfs wel een boek schrijven. Schrijven vond ik al leuk sinds ik een klein meisje was, maar ik had het in mijn carrièredrift helemaal onderdrukt. Ik was een tijd directeur van een grote krant, maar schreef uitsluitend businessplannen. Ik kon verlangend naar de redactie van de krant kijken. Gevoelsmatig zat er een hoge muur tussen de mensen die daar werkten en mijn wereld. Ik had vaak het gevoel dat ik aan de verkeerde kant van de muur was beland, hoe leuk ik mijn werk ook vond. Ik wilde bij de mensen horen die aan de andere kant leefden, de mensen die schreven voor hun brood. Hoe ik daar moest komen wist ik nog niet.

De eerste stap in mijn projectplan was dat ik fanatiek begon te sporten. Ik werd lid van een wedstrijdroeiteam waar ik veel nieuwe mensen leerde kennen. Ik ging vrijwilligerswerk doen, kreeg een sociaal leven en vriendinnen. Dankzij het sporten begon ik flink af te vallen, waardoor mijn uiterlijk veranderde. Mensen gingen anders op me reageren. Vriendelijker, spontaner. Ik voelde me eerder welkom bij nieuwe mensen. Het inspireerde me om meer aan mijn uiterlijk te veranderen. Ik dankte mijn bril af en liet mijn haar groeien. Mijn nieuwe vriendinnen leerden mij stappen en feesten en van het leven te genieten. Dansen op het strand alsof niemand naar je kijkt was een van de dingen waar ik al mijn hele leven van droomde. De eerste keer dat ik naar de strandtent Woodstock in Bloemendaal ging en bij het kampvuur op het strand mijn eerste voorzichtige dansje maakte, zal me altijd bijblijven als een van de belangrijkste momenten in mijn leven.

Snel daarna ontmoette ik Angelique, een mooie en hartelijke Gooise vrouw. Zij nam mij direct op in haar leven en haar vriendinnenkring. Ze nam me mee naar feesten, sterrenrestaurants en modeshows van bekende ontwerpers. Ze hielp me een nieuwe kledingstijl te ontwikkelen, naar haar voorbeeld.

'Je bent nooit overdressed, je haar is nooit te blond of te lang, hakken kunnen altijd hoger en rokjes zijn nooit te kort,' is haar stellige overtuiging.

Mijn spijkerbroeken draag ik voortaan alleen nog bij het paardrijden en mijn kast vulde zich met mooie nieuwe jurken.

Een grote doorbraak als het gaat om me los en vrij te voelen was het halen van mijn trailerrijbewijs. Op de rug van mijn paard in het bos of op de hei beleef ik de gelukkigste momenten. Niets geeft een sterker gevoel van vrijheid. En nu kan ik eindelijk zelf de paardentrailer achter mijn auto koppelen en de paarden overal mee naartoe nemen, zonder afhankelijk te zijn van een man. Vanaf dat moment ga ik zo vaak als ik kan met de paarden naar het bos. Samen met mijn vriendinnen Marlies en Annelou maak ik geweldige zwerftochten door de bossen in de wijde omgeving. De eerste verjaardag van mijn scheiding vierde ik samen met Annelou en mijn paarden in het bos, een paar dagen nadat ik mijn rijbewijs had gehaald. Het voelde als Bevrijdingsdag toen ik mijn paardentrailer eigenhandig de parkeerplaats bij het Spanderswoud op draaide. We maakten een geweldige tocht door het bos, het was jaren geleden dat ik daar te paard was. Ik had het zo gemist. In mijn laatste jaren met Arthur voelde dat soms als een onbereikbare droom, iets wat nooit meer zou gebeuren. En nu reed ik er weer. Ik was zo ontzettend trots op mezelf. Het lukte me op eigen kracht om van het leven te genieten, veel meer dan ik de afgelopen twintig jaar deed.

Nadat ik vanwege mijn ziekte zes maanden in een revalidatiecentrum had gezeten, waar ik naast ergo- en fysiotherapie ook hard aan mijn binnenkant had gewerkt, was ik een totaal ander mens.

Ook op het gebied van de liefde wilde ik niet meer terug naar het oude pootje van de U. Toen Arthur net weg was dacht ik nog dat ik zo snel mogelijk weer zo'n Unox-relatie wilde als ik twintig jaar met hem had gehad. Ik had al snel een veilig en saai vriendje, Mark, die dat ook nastreefde. Gelukkig duurde die affaire maar twee maanden. Daarna beleefde ik al snel meer avonturen met veel spannendere mannen. Alle ervaringen die ik had moeten opdoen op mijn negentiende, in plaats van aan Arthur blijven hangen, beleef ik nu.

En langzamerhand besef ik dat een leven in vrijheid, vol avontuur, eigenlijk veel leuker is dan samen erwtensoep eten voor de open haard, met een wollen trui aan en de gordijnen dicht. Ik wil nooit meer na het werk direct naar huis omdat er met het eten wordt gewacht. De sleur van elke zaterdag samen boodschappen doen en zondag even bij onze ouders koffiedrinken. Ik moet er niet meer aan denken.

Ik wil in de liefde nog veel meer avonturen beleven en genieten van het effect van mijn nieuwe uiterlijk. Sinds ik niet meer als het evenbeeld van Angela Merkel door het leven ga is mijn aantrekkingskracht op mannen fors toegenomen. Voorheen hulde ik me in strenge seksloze mantelpakjes en probeerde ik met mijn mannelijke kapsel zoveel mogelijk autoriteit uit te stralen. In plaats daarvan ben ik nu de vrouwelijke kant in mezelf aan het ontdekken. Wat dat betreft ben ik voor mijn gevoel nog maar halverwege het beklimmen van dat andere pootje van de U. Met een wat zure kijk op het leven zou je mijn klimtocht een *midlifecrisis* kunnen noemen, alhoewel ik zelf liever het woord *midlifeparty* gebruik. En ergens weet ik wel dat dit feest een einddatum heeft. Hoelang kan dat lange blonde haar nog mee? Hoelang kun je op de dansvloer van hippe strandtenten rond blijven hangen? En wordt het in plaats van korte jurken en hoge hakken niet weer eens tijd voor een wollen trui en erwtensoep? Het zijn mooie thema's om over na te denken terwijl ik in de zon aan de andere kant van de wereld op een boot dobber, in het kommetje van de U.

6 Schepen verbranden

De verwarring die in mijn hoofd ontstond op het vliegveld van Guadeloupe is na een paar dagen terug in het Gooi nog niet verdwenen. Ik heb al even contact gehad met Alec en hij is deze keer wel verlangend naar mij teruggekomen van wintersport. Hij vraagt wanneer we elkaar kunnen zien, want hij heeft me gemist. Maar ik mis Robbie. Veel meer dan ik had verwacht. We bellen elkaar uren per dag. De eerste keer huilen we allebei als we elkaars stem weer horen. Ben ik dan toch iets voor hem gaan voelen?

Ik kan mijn ontmoeting met Alec niet langer uitstellen en spreek af dat ik naar hem toe kom 'om een kopje thee te drinken'. Als ik al in zijn stad ben zakt de moed me in de schoenen. Ik ga even in een cafeetje koffiedrinken om me voor te bereiden op het gesprek met hem. Hij sms't dat de thee koud wordt en vraagt waar ik blijf. Ik bel bij hem aan en als hij de deur opendoet voel ik niet veel. Ik heb mijn hondje bij me en zeg: 'Tommy moet nog uitgelaten worden, zullen we eerst even een stukje lopen?'

Lopen leidt af. Je kunt voor je uit kijken en opmerkingen maken over het weer.

'Zo,' zegt Alec, 'wat een bijzonder aanbod was dat van de kapitein, dat we zomaar zijn boot mochten gebruiken. Hoe heb je dat geregeld, Maud?'

Ik vertel hem over de directe klik die ik met Robbie had en hoe leuk hij het vond dat ik in zeilen geïnteresseerd was en dat zijn Jeanneau de droomboot van mijn vriendje bleek te zijn. En dat het dus toevallig zo uitkwam dat die boot nu vijf weken ongebruikt in de haven ligt. Eerdere jaren verhuurde Rob zijn boot weleens als hij terugging naar België, maar dat was nu niet gelukt. Alec vertrouwt het zaakje niet en vraagt door.

'Goh, maar toch bijzonder, hoor, dat iemand die je amper kent je zomaar zijn dure boot toevertrouwt. Ik kom nooit dat soort mensen tegen.'

'Dat komt omdat jij cynisch bent, Alec. Ik ga altijd uit van het positieve en dan ontmoet je ook vaker mensen die je wat gunnen.' Terug in zijn huis pak ik mijn iPad terwijl hij theezet.

'Wil je mijn reisfoto's zien?'

Dat wil Alec graag. Hij komt naast me op de bank zitten. Ik overhandig hem de iPad. Eerder was het weleens voorgekomen dat ik hem een foto wilde laten zien waarbij hij de iPad uit mijn handen pakte en door het fotomapje heen bladerde terwijl ik naar adem hapte en hoopte dat hij niet die ene foto zou tegenkomen die niet voor zijn ogen bedoeld was. Nu heb ik me daarop voorbereid. Ik heb thuis op mijn laptop twee mapjes gemaakt van mijn Caribische reisfoto's. Een gecensureerde versie en een mapje waarin alle foto's staan. Alec opent het mapje op mijn iPad waarvan ik zeker weet dat het de gecensureerde versie is. Na de eerste foto van de Jeanneau in de blauwe zee stuit hij direct op een plaatje waarop ik gillend van het lachen wijs naar de blote billen van Robbie die aan dek een raar dansje doet.

'Wie is dat?' wil Alec weten.

'O, dat is Rob, de schipper,' probeer ik luchtig te doen terwijl ik me afvraag hoe deze foto in de gecensureerde map terecht is gekomen.

'Goh, knappe vent, hoor,' zegt Alec. Hij kijkt me onderzoekend aan. 'Zeg eens, Maud, heb jij daar de kapitein geneukt?'

Terwijl ik broed op een manier om Alec de waarheid te vertellen bladert hij naar de volgende foto. Het is de foto die Esther op het vliegveld maakte. Waar Rob en ik in een heftige tongzoen verstrengeld zitten. Oké, dat verhaal is dus nu wel duidelijk. Alec legt de iPad op tafel en zegt: 'Wat ben ik toch trots op jou, schat, het lukt je echt overal om van het leven te genieten, hè?'

Ik stamel iets over zijn wintersportvakantie van vorig jaar. En dat ik er eigenlijk al van uitging dat hij me dit jaar ook weer zou vergeten. En dat ik zo enorm teleurgesteld was in zijn weigering om met mij te komen zeilen in Guadeloupe. Dat ik daardoor overstag was gegaan en het heel leuk heb gehad met Robbie. Maar dat er alleen maar vriendschap tussen ons is, verder niks. Alec blijft verbazingwekkend rustig. Hij hoort mijn uitleg aan en zegt: 'Ik begrijp je teleurstelling, maar snap je dat ik het een raar verhaal vond? Je bent nog maar een paar dagen daar en dan blijk je al geregeld te hebben dat we vijf weken voor niks mogen zeilen op een boot die een kwart miljoen euro kost. Het is misschien gek, maar mij overkomen zulke dingen nooit. Ik vertrouwde het allemaal niet. En bovendien durfde ik het niet aan. Ik heb alleen maar eens een stukje op de Noordzee gezeild. En dan wil jij me vijf weken de oceaan op sturen met een boot die twee keer zo groot is als die van mij.'

Ik realiseer me dat hij gelijk heeft. Ik heb er gewoon veel te licht over gedacht. Bijna niemand zou dit avontuur hebben aangedurfd. Mijn teleurstelling was kinderachtig.

Alec gaat koken. Dat geeft ons ruimte om allebei even na te denken. Tijdens het eten vertel ik hem over mijn ontmoeting met Jarmund en mijn ontdekking van de kolonie eenzame zeilmiljonairs.

'Er zijn zoveel mensen die altijd op zoek zijn naar zeilgezelschap. Ik ben ervan overtuigd dat iedereen overal ter wereld op een boot kan stappen als je kunt en wilt zeilen. Jij ook.'

Alec kijkt me weer cynisch aan.

'Ja, lieverd, dat geldt voor jou. Ik snap die Jarmund wel. Een lekker blond wijf aan boord, wie wil dat nou niet?'

Ik protesteer hevig. Jarmund wil heus helemaal niks van mij. Wij hadden gewoon een intellectuele connectie. Omdat we allebei veel hebben meegemaakt in het zakenleven, daardoor hadden we elkaar direct veel te vertellen.

'Hoelang heb je die kerel gesproken dan?' wil Alec weten.

'Nou, maar vijf minuten dus, op die steiger voor zijn boot. Maar we hebben wel elke dag contact via de mail. Hij heeft me al veel lange mails gestuurd en veel verteld over zijn leven.'

Ik zie het gezicht van Alec betrekken.

'Jij hebt daar niet stilgezeten, zeg. Heb je nog meer mannen het hoofd op hol gebracht?'

Ik kruip tegen hem aan en zeg dat hij het allemaal verkeerd ziet. 'Met Robbie ben ik alleen maar bevriend. Jij zou hem eens moeten ontmoeten, Alec, ik weet zeker dat jullie elkaar zouden liggen en veel te vertellen hebben. Robbie leidt het leven waar jij van droomt, zeilen in een mooi klimaat. Jullie lijken wel wat op elkaar, daarom kon ik het ook meteen goed met Robbie vinden. En Jarmund wil helemaal niks van mij, dat weet ik zeker. Ik had nu met jou daar op een boot willen zitten, Alec. Ik wil alleen maar jou, dat weet je toch?'

Hij vraagt hoe ik dat dan voor me zie, een relatie met hem terwijl ik ook eigenlijk al besloten heb om te gaan zeilen met een Viking.

Ja, dat is een goeie vraag, daar heb ik ook niet zo een-twee-drie een antwoord op.

'Misschien vindt Jarmund het wel goed als jij meegaat,' opper ik. 'Ja, dat kan ik aan hem vragen. Jij kunt veel beter zeilen dan ik, dus daar heeft Jarmund ook echt iets aan.'

Alec lacht om mijn naïviteit. Jarmund ziet me aankomen, zeg! Dat die blonde chick haar vriendje meeneemt en dan aan boord lekker klef gaat doen terwijl hij daar eenzaam zit te zijn.

'*Wake up and smell the coffee.* Die Noor wil jou in zijn eigen kooi.'

7 Naar zee

Toen we in de Caraïben de haven uit zeilden waar ik Jarmund ontmoette, zocht ik hem direct op Facebook via mijn smartphone. Ik verstuurde een vriendschapsverzoek dat hij direct accepteerde, gevolgd door een vriendelijke mail.

'*I really liked the smiling forwardness you showed me at the ponton on Union Island. I do not know you, but I think you are an easy going lady with lots of "yes" in your mouth. Your nice smile I have already seen... You are always welcome on board.*'

Kijk eens aan. De man heeft mensenkennis. *A lot of yes in my mouth.* Die ga ik onthouden. En het typeert inderdaad de nieuwe levensstijl die ik nastreef. Ik ben blij dat hij dat tijdens onze korte ontmoeting al opmerkte. En hij herhaalt zijn uitnodiging dus; ik ben altijd welkom aan boord. We sturen de rest van mijn reis lange mails naar elkaar die hij steevast afsluit met zijn motto '*live slow, sail fast*'. Hij vertelt mij over de gebeurtenissen in zijn leven die voorafgingen aan zijn beslissing om te gaan zeilen. Nadat hij voor de tweede keer zijn bedrijf verkocht hoefde hij voor het geld niet meer te werken. Het steeds maar weer bedrijven opstarten en succesvol uitbouwen begon een sleur te worden, de uitdaging was eraf. Net als van het huwelijk met de moeder van zijn vier kinderen, waar hij een punt achter zette toen de kinderen bijna allemaal op eigen benen konden staan. En hij vertelde me over zijn vriendin. O ja, daar had hij al iets over gezegd tijdens ons gesprek op de steiger. Er was dus een vriendin, een jongere, slimme, mooie vriendin. Met haar wilde hij op zeilavontuur. Ze hielden allebei heel erg van hiken en bergbeklimmen. In Noorwegen en de rest van Scandinavië hadden ze al de nodige mooie trektochten gemaakt samen. Tijdens het overnachten in een kleine tent in de natuur, zonder voorzieningen, leer je elkaar wel kennen. Gaandeweg ontstond het idee om over de hele wereld dit soort tochten te gaan maken. Ze droomden van de bergen die ze samen zouden beklimmen. De stukken ruige en on-ontdekte natuur die ze samen zouden gaan verkennen. En wat is er mooier dan deze gebieden per zeilboot op te zoeken? Jarmund stippelde alle plekken uit waar hij graag naartoe wilde. De jungle in Zuid-Amerika trok. En zijn grote droom was een expeditie op de Zuidpool. Zo ontstond een route, via het Caribische gebied afzakken naar Zuid-Amerika. De kusten van Brazilië en Argentinië staan bekend als de mooiste zeilgebieden ter wereld en de havens bieden een perfecte uitvalsbasis voor wekenlange trektochten in de jungle. Tijdens de voorbereiding werd duidelijk dat het een tocht van vijfenhalf jaar moest worden. Met genoeg ruimte om af en toe even terug te gaan naar Noorwegen voor familiebezoek. En tijd genoeg om op expeditie gegaan.

In Frankrijk liet Jarmund een zeiljacht bouwen, precies zoals hij het hebben wilde. Hij las alle zeilboeken die hij in handen kreeg en op de eerste weken van zijn tocht nam hij een ervaren schipper mee om hem op weg te helpen. Al snel bleek dat hij de juiste beslissing had genomen, hij genoot van zijn leven aan boord. *Sailing and suffering* noemen ervaren schippers het, niet te vergelijken met relaxte dagtochtjes op het IJsselmeer. De oversteek maken naar de Caraïben maakt de oermens in je wakker, je bent weken op zee zonder land te zien. Slapen gaat behoren tot iets uit een ver verleden, meer dan een hazenslaapje van twee uurtjes zit er niet in, want je moet wachtlopen. Er moet vierentwintig uur per etmaal doorgevaren worden, je kunt midden op de oceaan niet even voor anker gaan om een nachtje bij te slapen. In plaats daarvan zit je in je eentje aan dek om de boot door de inktzwarte nachten te loodsen, waarbij je alleen maar kunt vertrouwen op je navigatieapparatuur. Je enige gezelschap is af en toe een verdwaalde tanker en her en der een opduikende walvis. Walvissen die trouwens meters en meters langer zijn dan je eigen bootje. Je hoopt maar dat ze je zien en niet tijdens het maken van een sprongetje midden op je boot landen. Of dat ze jouw route uitkiezen als slaapplek; vorig jaar verging een Nederlands jacht bij Bermuda omdat het op een slapende walvis botste.

Oversteken naar de Caraïben klinkt zonnig, maar er zijn regenbuien die dagen kunnen duren en waartegen zelfs het beste zeilpak niet bestand is. En je zult onderweg je doelen moeten bijstellen; de haven die je wilde bereiken is niet te halen doordat de wind al dagen verkeerd staat. Er gaan zeilen kapot, of navigatieapparatuur, of de motor, zodat je plotsklaps zo snel mogelijk ergens aan land zult moeten zien te komen. Mentaal is het zwaar dat je dagenlang alleen maar zee ziet. Zelfs de sterkste karakters raken erdoor van slag. Zeezeilen is gevaarlijk; in sommige delen van de wereld zijn gewetenloze piraten actief, die op een kilometer afstand ruiken dat er een lekker hapje onderweg is. De golven zijn prachtig, maar je kunt zeeziek worden. Zo ziek dat je liever dood wilt. Niet het soort zeeziek dat met een pilletje op te lossen is.

De vriendin van Jarmund werd zo zeeziek. *Sailing* vond ze al niet zo leuk, laat staan *suffering*. Na vier maanden gaf ze het op en ging ze terug naar Noorwegen. Jarmund maakt er in zijn mails nog wel een punt van om me duidelijk te maken dat zij nog toegang heeft tot zijn Facebook-account en daar ook de berichten leest. Vandaar dat hij me liever mailt; '*less dangerous ;)*', voegt hij eraan toe.

Toen ik hem ontmoette was Jarmund met een goede vriend aan boord die een paar weken zou meevaren. Theoretisch kan hij zijn schip ook alleen varen. Het is comfortabel gebouwd, met zeilen die automatisch in en uit kunnen rollen met elektrisch bedienbare lieren. Maar veilig is in je eentje op zee zeilen natuurlijk niet, en gezellig al helemaal niet. Net als zijn collega-eenzame-selfmade-miljonairs was Jarmund dus altijd bezig met het regelen van zeilgezelschap. Omdat ik hem aan het begin van mijn Caribische trip ontmoette, was ik verrast en gevleid door zijn aanbod om met hem mee te varen. Tijdens mijn volgende wandelingetjes over de steigers van de Caribische jachthavens ontdekte ik dat je altijd wel een boot vindt waar je aan boord kunt stappen. En ja, als blonde vrouw gaat dat misschien makkelijker, maar als je kunt en wilt zeilen hoef je alleen maar even rond te lopen in een jachthaven in een tropisch oord. Binnen een dag heb je een zeilreis geregeld.

Zeilen gaat dus wel lukken. De uitnodiging van Jarmund staat. Ik mail hem dat ik over een paar weken naar hem toe kom en dat ik graag mee wil varen tot het punt dat het te koud wordt om in bikini aan dek te liggen. Die Zuidpool-expeditie doet hij maar mooi zonder mij. Hij grapt terug dat hij extra veel rondjes rondom Zuid-Amerikaanse eilandjes zal varen, zodat ik lekker lang van mijn bikini kan genieten. Ik boek een *one way ticket*. Op 17 maart zal ik samen met Robbie naar Guadeloupe vliegen. Ik ga eerst nog twee weken met hem en een groepje van zijn vrienden zeilen. De vorige keer gingen we zuidwaarts, richting Saint Vincent.

Rob wil per se dat ik de noordkant van zijn vaargebied beter leer kennen, richting de Dominicaanse Republiek. En we gaan terug naar zijn favoriete eiland, Dominica. Dat is het groenste en minst toeristische eiland van dit stukje Caribisch gebied. Als Rob over Dominica vertelt gaan zijn ogen altijd glimmen. Ooit verkoopt hij zijn boot en koopt hij een stuk grond op Dominica. Daar wil hij oud worden. Hij weet ook al welk stuk grond, dat wil hij mij laten zien. Hij heeft zijn moeder al over mij verteld. Eindelijk heeft hij een vrouw ontmoet met zakelijk instinct. Met mij zou hij op Dominica wel projectontwikkelaar kunnen worden. Dan begeleidt hij de bouw van mooie vakantiehuisjes en doe ik de zakelijke kant. Ik kan in Nederland reclame maken voor ons project. We verkopen onze huisjes dan aan al die rijke Gooise mensen die ik ongetwijfeld ken. Ja, als ik terugkom van mijn reis met Jarmund gaan wij samen in de vakantiehuisjesbusiness. Maar eerst gaat hij me op Guadeloupe afzetten, zodat ik naar Brazilië kan vliegen. Rob heeft me verboden om al eerder bij Jarmund aan boord te gaan. De oversteek naar Suriname en de reis langs de kust van Frans-Guyana is gevaarlijk. Het wemelt daar van de piraten. En een dure boot met Noorse vlag en wapperende blonde haren is een zekere prooi.

'Stap maar in Brazilië op, Maud, want ik heb je nog nodig om huisjes te verkopen later.'

Voor het zover is moet ik in Nederland nog wat dingetjes regelen. Ik had voor mijn Caribische vakantie een intentieverklaring getekend om een communicatiebureau in Amsterdam te kopen. Ik werkte daar al een paar maanden freelance. De algemeen directeur en mede-eigenaar was een tijdje geleden vertrokken en de twee overgebleven aandeelhouders vroegen mij om zijn positie en aandelen over te nemen. Ik had eigenlijk al besloten om dat te doen, maar het past nu niet meer in mijn plannen. Met lood in mijn schoenen meld ik me eind januari weer op kantoor en breng het slechte nieuws. Ze kijken me bezorgd aan. Ik kom het kantoor binnenlopen als een wandelende midlifecrisis. Met mijn haar dat veel te blond is geworden door de Caribische zon. Met een jurkje dat veel te koud is voor de tijd van het jaar. Met mijn slangenleren cowboylaarzen aan en de kralenketting met haaientand om mijn nek herkennen ze me amper daar in het keurige Amsterdam Oud-Zuid.

'Wacht nou even twee weekjes voordat je dit besluit neemt, joh,' zegt collega Johan bezorgd. 'Je bent duidelijk jezelf niet. Ben je daar soms verliefd geworden of heb je wat raars gerookt? Je kunt toch niet zomaar alles achter je laten en met een onbekende Noor op een boot gaan zitten? Het klinkt levensgevaarlijk allemaal.'

De waarschuwingen van mijn collega's komen niet aan. Ik heb mijn besluit al genomen. Zij zien wel in dat verder discussiëren nu geen effect zal hebben.

'Ik hoop dat je erop terugkomt. Ons aanbod blijft staan, je blijft welkom hier,' besluit Johan het gesprek.

Opgelucht verlaat ik het kantoor.

'Ik wil toch ook helemaal geen directeur zijn van een communicatiebureau,' zeg ik hardop tegen mezelf als ik naar mijn auto wandel. 'Dat voelde te veel als mijn oude leven en dat leven wilde ik toch niet meer? Ik wil schrijven. Ja, dat is wat ik wil.'

Later die week zit ik in café De Ysbreeker in Amsterdam tegenover Marij, eigenaar van een uitgeverij. Een gezamenlijke vriendin bracht ons in contact en zij is direct enthousiast over het idee van mijn boek. 'Maud was directeur bij een groot mediabedrijf, maar ze werd ziek, haar man ging bij haar weg en nu gaat ze op zeilavontuur met een onbekende Viking.' Marij ziet er een tegenhanger in van *Eat, Pray, Love* en we zijn er snel uit. Mijn boek gaat er komen.

Ik mail Jarmund dat ik bij hem aan boord ga schrijven. Hij vindt het geweldig.

'You work fast, Maud. I really like your energy! I love to hear more from you and witness how you are changing your life.'

Hij wil ook graag een boek over zijn leven, dus of ik dat ook even wil schrijven als mijn eigen boek klaar is. Maar natuurlijk, dan verlengen we de reis gewoon met een paar maanden. Je bent niet voor niets *millionaire in time*, nietwaar! Dit avontuur wordt steeds leuker.

Ook voor Thomas heb ik direct een oplossing gevonden. Thomas heette voor onze verhuizing naar het Gooi nog Tommy. Tommy de boerderijhond die de hele dag druk was met het bewaken van ons erf. Hij joeg de zwanen weg, gromde naar eigenwijze schapen, deed voor het toegangshek mislukte pogingen om bezoekers en de postbode af te schrikken. Hij hielp 's avonds bij het binnenhalen van de paarden en sliep in de hooiberg. En nu woonde Tommy ineens in een villawijk in het Gooi en moest hij overdag mee naar mijn kantoor aan de rand van het Vondelpark. Hij kon niet meer los rondrennen. Tijdens het uitlaten kwamen we onze nieuwe chique buurtgenoten tegen.

'Wat hebt u een prachtige hond, mevrouw,' zeiden ze tegen mij. 'Hoe heet de hond?'

Tommy klonk ineens zo ongepast.

'Thomas, mijn hond heet Thomas,' zei ik dan trots.

Ik was zo blij dat ik Thomas nog had. Het afscheid nemen van de boerderijdieren was me zwaar gevallen. Maar ik maakte mezelf wijs dat het nu precies goed was. Een paard en een hond, meer heeft een vrouw niet nodig.

Maar Thomas had wel meer nodig. Thomas wilde weer Tommy zijn. Hij wilde weer rondrennen op een boerenerf. De moeder van een vriendin woonde sinds het overlijden van haar man alleen op een boerderij. Ze verlangde naar een hondje, maar een puppy zag ze niet zitten. Tommy mocht komen logeren tijdens mijn vakantie. Toen ik terugkwam om hem op te halen, kwam hij buitelend over zichzelf naar me toe rennen. Hij had me duidelijk net zo erg gemist als ik hem.

'Tommy vindt het heerlijk hier,' zegt Annie, zijn tijdelijke pleegmoeder. 'En ik vind het ook zo fijn dat hij er is. Ik heb weer een reden om mijn bed uit te komen 's ochtends. Tommy staat elke ochtend bij mijn slaapkamerdeur te keffen als hij vindt dat het te lang duurt. Hij loopt met me mee om de krant te halen en doet daarna even zijn inspectierondje over het erf. Dan gromt hij naar de schapen en jaagt hij de katten uit de hooiberg. Elke ochtend laat hij de kippen even schrikken om ze te laten weten wie er de baas is. Hij heeft ook per ongeluk een kip doodgebeten in de eerste week,' zegt Annie terwijl ze Tommy verliefd over zijn kop aait.

Ik gooi zijn mandje in mijn auto en houd de deur open.

'Kom, Tom, we gaan weer naar huis.'

Tommy kijkt mij niet-begrijpend aan. Naar huis? Moet hij hier nu ook alweer weg? Maar hij vindt het heerlijk hier! Deze boerderij is anders dan die waar wij voorheen woonden, maar hier kan hij wel wennen. Met een gebroken hart pak ik zijn mandje weer uit de auto en leg het terug in de keuken van Annie. Ik ga Tommy hier achterlaten. Mijn grote liefde, de hond die mij negen jaar eerder behoedde voor het krijgen van kinderen toen ik even dacht dat mijn eierstokken rammelden en hij die plek in mijn leven succesvol opvulde. De hond die er altijd voor me was, die me troostte toen Arthur wegging en wij alleen achterbleven op de boerderij.

Niets mis je zo erg als een hond, dat voel ik sindsdien elke dag. Maar Tommy is weer gelukkig nu. En Tommy maakte de weg vrij voor mij. Vrij om te gaan zeilen.

8 Tussen mij en de zee

'Over zes weken vlieg ik naar de Caraïben, is dat een probleem?' vraag ik aan de oogarts.

Hij kijkt wat zorgelijk. Het is wel krap ja, een ooglaseroperatie is weliswaar routine voor hem, maar je moet het niet onderschatten. Het is toch wel een echte ingreep waarvan je moet herstellen. Als ik vertel dat ik daar een paar maanden ga zeilen, betrekt zijn gezicht nog meer. Zeilen en vliegen is op zich allemaal geen probleem met recent gelaserde ogen, maar het zou beter zijn als ik wat langer rust zou houden dan zes weken. Ik had eigenlijk al helemaal geen goed gevoel bij deze ingreep. Ik heb nog maar een jaar geleden mijn bril verruild voor lenzen en dat bevalt me best goed. Maar Alec heeft zijn ogen laten laseren in deze kliniek en heeft al voor de kerst een afspraak voor me gemaakt. Hij wist zeker dat ik hem heel erg dankbaar zou zijn als ik dit doorzet.

'Dat geklungel met lenzen is toch niks?'

Ik denk aan alle keren dat hij me meewarig aankeek als ik aan het ontbijt of 's avonds op de bank mijn bril opzette omdat ik geen zin had in mijn lenzen. Ik voelde me dan weer het lelijke eendje dat ik vroeger was. En volgens Alec stelt de operatie niks voor, na een halfuurtje sta je weer buiten. Je ziet direct scherp en de volgende dag ben je het al vergeten. Het klinkt wel erg aantrekkelijk. Lenzen in doen aan boord van een zeilboot is best lastig. Er is al meer dan eens een lens van mijn vinger gewaaid. Dus ik besluit toch maar door te zetten. Ik ben er nu toch. Al voelt het allemaal niet goed, al vanaf het moment dat ik hier binnenstapte. Hoewel de kliniek in een chique buurt in Amsterdam Oud-Zuid gevestigd is, heb ik nog nooit zoveel goedkoops om me heen gezien. Alle artsen komen uit het buitenland, niemand spreekt Nederlands. De verpleegkundigen lopen in een soort polyester kleding rond en zien er allemaal uit als boerse Roemeense schoonmaaksters.

Ik bel Angelique of ze me over een uurtje op wil komen halen. Want ja, Alec zou met me meegaan om mijn hand vast te houden en de dagen na de ingreep voor me te zorgen, maar na ons pijnlijke gesprek over Robbie en Jarmund reageert hij niet meer op mijn voicemails en sms'jes. De operatie duurt maar een paar minuten en je voelt er niks van. Maar je hoort hoe het laserapparaat je netvlies wegbrandt. Het knettert een beetje, zoals een vlieg die tegen zo'n blauwe vliegenlamp aan vliegt in de keuken van een restaurant. En je ruikt een heel vieze schroeilucht. De wetenschap dat dit het verbranden van een deel van je oog is maakt het allemaal nog akeliger.

Ik krijg direct na de operatie een donkere zonnebril op en word naar de wachtruimte gebracht waar Angelique gelukkig al klaarstaat om me naar huis te brengen. Ze geeft me een arm als we naar de auto lopen. Ondanks de zonnebril durf ik de hele weg mijn ogen niet open te doen. Thuis op de bank probeer ik het voorzichtig, maar de pijn is ondraaglijk. Ik kan er 's nachts niet van slapen. De volgende dag komt Angelique me ophalen voor mijn controleafspraak in de kliniek. Goddank heb ik lieve vriendinnen nu Alec me heeft laten zitten. Mijn ogen zitten nog altijd dicht; ik wikkel een sjaal om mijn zonnebril heen, want ik kan beslist geen licht verdragen. Onderweg naar de kliniek vertel ik Angelique dat ik er een slecht gevoel bij heb. De operatie zou pijnloos moeten zijn. Ik zou nu al scherp moeten kunnen zien met hooguit een wat branderig gevoel. In de kliniek wordt direct groot alarm geslagen. Er is iets helemaal niet goed gegaan. Ik moet halsoverkop naar de vestiging in Nijmegen om de operatie opnieuw te ondergaan. Ik protesteer luidkeels.

'Hoe moet ik in vredesnaam in deze toestand in Nijmegen komen? En no way dat ik nog één van die prutsers van deze toko aan mijn ogen laat zitten.'

Gelukkig is Angelique doortastend. Ze vraagt het adres, belt al haar afspraken af en scheurt met me naar Nijmegen. Daar duwt ze me de operatiekamer in. Mijn ogen blijken zo ontstoken dat ze me deze keer niet kunnen verdoven. In mijn rechteroog is gisteren tijdens de operatie residu achtergebleven en dat moet eruit. Met vijf man drukken ze me vast op de operatietafel. Als een dood vogeltje zit ik naast Angelique in de auto op weg naar huis. Tijdens de controle een paar dagen later verzekert de arts mij dat alles goed zal komen, dat ik niet blind word. Maar ik moet het komende halfjaar om de week langskomen om ernaar te laten kijken en ik zal de komende maanden slecht kunnen zien. Ik verscheur mijn ticket naar de Caraïben en mail Jarmund dat ik niet kom. Er is iets tussen mij en de zee gekomen.

9 Mutsen

Ik ga dus niet zeilen en heb geen plan B; ik heb al mijn schepen achter mij verbrand. Alec lijkt voorgoed uit mijn leven verdwenen, ik sms'te hem nog dat de operatie aan mijn
ogen mislukt was en mijn reis daardoor niet door kon gaan.
Maar afgezien van een berichtje met 'wat vervelend voor je'
hoor ik niet meer van hem. Ik heb de aankoop van de aandelen van het communicatiebureau afgeblazen en zelfs mijn
hondje weggegeven. En misschien mijn ogen ook nog voorgoed verkloot. De oogdruppels die de arts me voorschreef
om mijn ogen vochtig te houden blijven onaangeroerd in
mijn badkamerkastje staan. Want ik lig op de bank met de
gordijnen dicht en een donkere zonnebril op en jank aan
één stuk door. Mijn leven voelt aan als de bodem van de
glasbak. Ik zit in mijn eentje in een huis vol verhuisdozen
dat niet als een thuis voelt en zie geen toekomst meer. Sterker nog, ik zie helemaal niks meer. Ik zwelg in paniek, wanhoop en zelfmedelijden en voel aan alles dat deze huilbui
weleens maanden zou kunnen aanhouden. Ik ben een opti-
mist, zie altijd oplossingen, maar nu voel ik alleen nog maar
wanhoop. Ik geloof niet dat het me een tweede keer gaat
lukken om mezelf op te rapen en weer door te gaan met leven, zoals me dat na mijn scheiding en ontslag wel een tijdlang leek te lukken.

Gek genoeg voelde ik deze wanhoop in de Caraïben al aankomen, terwijl er toen nog geen enkele aanleiding voor was. Op een van onze laatste dagen lag ik daar met Esther op het strand onder een palmboom. Robbie schreeuwde naar ons: 'Niet onder een palmboom gaan liggen, blonde madammekes, als er een kokosnoot uit valt bent u dood.'

Dat leek me ineens niet zo'n slechte oplossing, zei ik tegen Esther. 'Ik ga de rest van mijn leven alleen blijven. Dan maar liever dood hier in het paradijs dan eenzaam oud worden,' floepte ik er zonder nadenken uit. Ik had haar tijdens onze reis veel over mijn ingewikkelde relatie met Alec verteld.

'Alleen blijven? Hoe kom je daar nou toch bij? Thuis wacht Alec op je en hier kust Robbie elke zandkorrel die je aanraakt! Niet zulke rare dingen zeggen, hoor!' beval Esther me.

Ik liet het onderwerp op dat moment verder rusten, maar de onrust die ik voelde opkomen bleef sluimeren en overvalt me nu als een paniekaanval die ik niet weg kan redeneren.

Twee weken na de mislukte oogoperatie lig ik nog altijd huilend op de bank. Robbie komt naar me toe om me te troosten. Hij is nog in België voor de verkoop van zijn reizen op beurzen. Over drie weken gaat hij terug naar de Caraïben zonder mij.

'U bent een rockster, Maud!' lacht hij me vrolijk uit als hij mijn huis binnenstapt.

Ik moet nog altijd mijn donkere zonnebril ook binnen op houden, het ziet er vast belachelijk uit. Maar voor het eerst in twee weken voel ik de spieren van mijn mondhoeken weer een beetje aanspannen in een poging tot een glimlachje.

'Kom, we gaan feestvieren in dat chique kakdorp van u! Waar is het hier leuk?'

Het onbezorgde gevoel dat ik had in de Caraïben komt zowaar weer een beetje terug door de vrolijkheid van Robbie. Als ik na het eten in de lokale biefstukeetschuur terugkom van het handen wassen tref ik een lege tafel aan. Onze leeggegeten borden staan er nog, maar Rob zit, met veel kabaal, aan een tafeltje met Gooise twintigers. De jongens en meisjes gieren om zijn verhalen. Robbie zit druk visitekaartjes uit te delen.

'Kijk, Maud, allemaal nieuwe klanten! Ze gaan een keer met me mee varen en dan bent u onze kokkin. U blijft hier niet zitten grienen, zodra uw ogen weer werken gaat u lekker met mij mee, ik heb u al verhuurd.'

De vertrouwde klap die hij daarna op mijn kont geeft helpt om me wat beter te voelen. Ik zie nog steeds niks, maar kan weer een beetje ademhalen zonder het bedrukte gevoel dat ik al weken heb. De nieuwe vrienden van Robbie slepen ons mee naar de stamkroeg van de Gooise nouveaux riches. Daar ben ik getuige van het arrogante gedrag dat Robbie eerder beschreef van zijn klanten aan boord. Ik snap direct waarom hij geen Nederlandse passagiers wil.

'Zo, kerel, waar heb jij je eerste miljoen mee verdiend?' bralt een magere vijftiger, gekleed in een rode broek, tegen Robbie.

'Ik organiseer zeiltochten in het Caribische gebied, mijnheer,' antwoordt hij, terwijl hij zijn visitekaartje overhandigt.

'Zeiltochten? Zeilen is voor paupers! Je moet cruisen als je in de Caraïben bent! Haha, deze Belg hier vaart met een zeilbootje voor zijn kostwinning,' buldert hij door de volle kroeg.

Wij besluiten maar even het rokersgedeelte op te zoeken waar onze jonge Gooise vrienden geheimzinnig staan te smoezen met een jongen die zojuist aan kwam rijden op een scooter. De luidruchtige roodharige jongen die duidelijk de leiding in het groepje heeft gooit een doorzichtig plastic zakje naar Rob.

'Wat is dat?' vraag ik nieuwsgierig.

Het blijkt wiet te zijn. Ik woon al mijn hele leven in het Gooi en zou niet weten hoe je hier in een kroeg aan wiet komt. Maar Robbie is hier nog geen twee uur en heeft de route naar de lokale dealer al gevonden. Ik ben in shock, vooral om mijn eigen naïviteit en kijk ineens met andere ogen naar het groepje keurige jongens en meisjes dat druk doende is om de gescoorde pillen, poeders en zakjes wiet onderling te verdelen. Robbie vindt het allemaal buitengewoon grappig en zijn vers gedraaide joint maakt hem nog vrolijker dan hij al was.

Maar onderweg naar huis slaat zijn stemming om, zoals ik dat aan boord ook soms zag gebeuren. De combinatie van drank, drugs, vermoeidheid en de beledigingen van de kakkers in de kroeg maakt hem eerst melancholisch en later driftig.

'Je moet gewoon wat minder drinken, Rob, en misschien eens van de drugs afblijven. In de Caraïben zei je me dat je het alleen maar nodig had om de eenzaamheid te verdrijven omdat je jouw vrienden miste. Waarom moet je dan vanavond ook weer rommel slikken en roken, terwijl we een leuke avond hebben?' confronteer ik hem.

'Zeg jij nou dat ik een junk ben?' schreeuwt hij naar me.

We zijn inmiddels bij mij thuis. Het is drie uur 's nachts en Rob loopt met slaande deuren mijn tuin in waar hij geergerd rondjes ijsbeert. Ik besluit maar gewoon naar bed te gaan. Ik ben ergens ook wel blij met deze uitbarsting. De betovering die ik voelde toen ik in Guadeloupe in het vliegtuig naar huis stapte is verbroken. Rob was een leuke vakantiefling, maar meer is er niet tussen ons, dat weet ik nu wel zeker. Maar ja, ik heb mijn relatie met Alec er wel door kapotgemaakt. Ik huil mezelf maar weer eens in slaap, terwijl Robbie naast me kruipt en mijn hoofd op zijn borst trekt.

'Ach, lieveken toch, huil maar niet. Ik zal uw zeerover zijn voortaan. Ik ben gisteren ook weer het huis uit gegooid door Danique. Ze wil me niet meer zien. Ik houd zoveel van dat meisje, maar ze doet me alleen maar pijn.'

Ik snif met mijn hoofd op zijn borst en realiseer me dat hij een heel erg fijne vriend is, ondanks zijn agressieve uitbarstingen door dronkenschap. Maar hij wordt nooit meer dan dat. We vallen in slaap als de beste vrienden die elkaar alleen maar troost te bieden hebben, geen liefde. En dat is maar beter ook.

Zodra ik wazig wat kan zien ga ik voorzichtig mijn huis weer uit. Ik heb geen plan en ook niet echt veel omhanden nu ik ben gestopt met werken voor het communicatiebureau, dus ik ga maar eens lunchen met deze en gene om een beetje bij te praten. Zo zit ik op een vroege voorjaarsdag tegenover Jan. Wij kennen elkaar al een tijdje uit de mediawereld en roddelen zo af en toe eens bij.

'Heb je nou die aandelen in dat bureau al gekocht?' vraagt hij.

Ik vertel hem over mijn voorgenomen zeiltocht met Jarmund, de schepen die ik verbrandde en hoe het plan in het water viel.

'Dus nee, ik heb die aandelen niet gekocht. En ik heb nu even geen flauw idee wat ik met de rest van mijn leven ga doen. Vooralsnog jank ik al zes weken aan één stuk en ik denk dat ik dat nog wel een tijdje blijf doen.'

Jan kijkt me meewarig aan. 'Ik begrijp niet dat jij je talent zo verspilt. Je had een verdomd mooie carrière. Je hebt in je eentje de mediawereld veranderd. En dan wil je voor zeerovertje gaan spelen in Zuid-Amerika? Waarom?'

'Weet je, Jan,' leg ik uit, 'ik weet nog hoe ik me voelde toen ik álles had. De woonboerderij, de man, de zeilboot, de paarden. Ik verdiende een kwart miljoen euro per jaar en was doodongelukkig.'

'Hó!' zegt Jan. 'Een kwart miljoen per jaar? Weet je wel hoe weinig vrouwen in Nederland dat kunnen zeggen! Daar moet je wat mee doen. Je moet jouw kennis en ervaring gebruiken om andere vrouwen te inspireren en verder te helpen in hun leven. Die zeerovers wachten wel.'

Andere vrouwen helpen? Dat is werkelijk het laatste waarmee ik me ooit bezig heb gehouden. Ik las weleens dingen over het glazen plafond, maar herkende daar helemaal niks in. Ik ben nooit een plafond tegengekomen.

'Dat komt omdat jij een halve kerel bent,' zegt Jan. 'Maar juist daarom kun jij andere vrouwen leren hoe je het moet doen. Jij bent gewoon zo, maar als je er eens goed over nadenkt kun je vast aan vrouwen uitleggen hoe je dat doet, eruitzien als een vrouw maar handelen en denken als een vent.'

Misschien heeft hij wel gelijk. Waarom gebruik ik dat contract met mijn uitgever niet om een boek te schrijven dat vrouwen helpt om carrière te maken? Ik heb inderdaad genoeg levenservaring om uit te putten. Maar hoe maak ik daar een boek van?

'Daar help ik je wel mee,' biedt Jan aan.

Hij is een wandelende boekenfabriek, bijna elke maand verschijnt er wel een boek dat hij schreef, van managementboeken tot verzamelingen moppen of uitspraken in steenkolenengels. Het lijkt hem wel leuk om dit project samen met mij te doen. Ik bel direct naar mijn uitgever. Ik had haar nog niet verteld dat mijn reis niet doorging en dat daarmee ook mijn boek in het water dreigde te vallen.

'Marij, het wordt een ander boek,' zeg ik haar. 'Ik wil een boek schrijven waarmee ik vrouwen aanspoor om te stoppen met het dragen van witte leggings en te ontsnappen uit het mutsenparadijs.'

Marij is direct overtuigd. 'Begin maar snel dan, want dat boek wil ik voor sinterklaas in de winkels hebben.'

En zo valt er ineens weer een beetje licht langs mijn donkere zonnebril. Ik heb weer een doel, een project dat af moet en een fijne collega die me erbij helpt. Ik voel me direct al minder verloren en wanhopig. Ik droog de tranen die ook tijdens de lunch met Jan maar bleven stromen en trek mijn agenda.

'Wanneer gaan we beginnen?'

Jan heeft gelijk, de zeerovers wachten wel. Jarmund heeft me gezegd dat ik altijd welkom ben aan boord, ook als mijn ogen het straks weer doen. Maar ja, hij is dan allang niet meer in Zuid-Amerika. Zijn route loopt naar de Zuidpool. Ik heb helemaal geen zin in expedities in dikke winterjassen. Misschien moet ik het hele plan om met hem te gaan zeilen maar gewoon uit mijn hoofd zetten. Het was een eenmalige kans en die heb ik voorbij laten gaan. En bovendien, de oceanen zitten vol eenzame miljonairs. Als ik over een tijdje een ticket boek naar Saint Barth sla ik er vast wel weer een aan de haak. Laat ik nu eerst maar eens aan het werk gaan. Dat gejank thuis op de bank leidt in elk geval tot niks.

Ik breng het motto dat ik uitdraag in mijn mutsenbestrijdersboek zelf dapper in de praktijk: mondhoeken omhoog. Ik stort me met volle overgave in het nachtleven. Op de openingsparty van Woodstock – mijn favoriete strandtent in Bloemendaal – staan mijn vriendin Yvonne en ik trappelend voor de poort tot we naar binnen mogen. Er gaat geen week voorbij dat we er niet te vinden zijn. Er zijn zoveel dingen fijn aan Woodstock: de sfeer, de locatie, het kampvuur en de muziek. Maar vooral de mannen. De harde kern van surfdudes die er rondhangen bestaat uit replica's van Alec. Slanke mannen met gespierde bruine lijven en een hoofd met lange warrige donkere krullen. Al op een van de eerste avonden van het seizoen spot ik een exemplaar dat wel heel erg op Alec lijkt. Ik kan mijn ogen niet van hem afhouden. Hij danst alsof zijn leven ervan afhangt en drinkt bier alsof het zijn laatste avond op aarde is. Het zweet glinstert in zijn donkere krullen. Ik vergeet zowaar even verdrietig te zijn om Alec. Ik durf deze replica die avond niet aan te spreken, maar de week daarna is hij er gelukkig weer. Yvonne en ik dansen op een klein podium aan de zijkant van de dansvloer en ik houd hem scherp in de gaten vanaf mijn hoge plekje. Hij zoekt een paar keer oogcontact en danst steeds meer onze kant op. Totdat hij zo dichtbij is dat ik zijn krullen bijna aan kan raken. Ik tik hem op zijn schouder en zeg: 'Ik moet je even iets vragen. Heet jij soms Alec?'

'Bijna goed, ik heet Alexander, maar jij mag mij best Alec noemen, lekker ding,' lacht hij naar me terwijl hij me naar zich toe trekt van het podium af de dansvloer op.

Zo van dichtbij lijkt hij minder op Alec dan ik dacht. En hij ruikt ook anders, naar bier, rook en zweet. Maar ik ben door hem betoverd. Hij neemt me mee naar de bar om een drankje te halen, pakt zijn pinpasje uit zijn portemonnee en zegt: 'Zie je wel? Voorletter A van Alexander.'

Ik doe het ervoor. Misschien kan een replica mijn gebroken hart een beetje aan elkaar plakken. Alexander geeft mij mijn colaatje.

'Voor jou, voor een zoen.'

O boy, hij zoent heerlijk. Zelfs zijn zoenen lijken op die van het origineel. Hij vraagt waarom ik vrijgezel ben, niet of ik vrijgezel ben. 'Uh... tja, waarom? Nou ja, omdat ik een heel erg gebroken hart heb. Van een man die wel wat op jou lijkt, Alec heet hij. Hij heeft dezelfde krullen als jij. Daarom dacht ik vanuit een ooghoek dat jij Alec was toen ik je voor het eerst zag.'

Ai, slim antwoord, Maud. Een leuke man in je eerste zin

confronteren met de verse ex waar je nog niet overheen bent en waarvan hij de schoenen even mag vullen omdat hij erop lijkt. Alexander lijkt er niet door uit het veld geslagen, hij begint een verrassend serieus gesprek over relaties.

'Heb jij kinderen?' wil hij weten. 'Nooit gewild ook? Of wil je ze nog?' vraagt hij door.

'Lieve schat, ik ben de veertig voorbij. Ik heb nooit getwijfeld over kinderen en ga dat ook zeker niet meer doen. Ik wil reizen maken. Zodra ik kan ga ik zeilen in de Caraïben. Daar had ik nu al moeten zijn, maar er kwam iets tussen.'

Ah, de Caraïben, daar is hij ook geweest en wil hij zeker snel weer naartoe. Hij is fotograaf en er zijn daar dingen die hij hoognodig vast moet leggen. Tussen het zoenen door fantaseren we over de reis die we samen gaan maken.

'Ga je zo mee naar een klein intiem feestje in Haarlem?' vraagt hij. Ik besef ineens dat ik al een tijd niet meer naar Yvonne heb omgekeken. Die komt aanlopen en meldt dat ze naar huis wil. Samen uit samen thuis, dus ik geef Alexander een laatste zoen en vertrek met bonzend hart. In de week die volgt huil ik voor het eerst een paar dagen niet, terwijl ik via Facebook gezellig heen en weer flirt met Alexander, die inderdaad zo blijkt te heten. We spreken niets af, maar ik weet zeker dat ik hem het weekend erna wel weer zal zien bij Woodstock.

En dat is ook zo. Als ik in het zand bij het kampvuur mijn eerste dansje doe die vrijdag zie ik hem de toiletcontainer uit komen lopen. Hij ritst lachend zijn gulp dicht terwijl hij een meisje met zich meetrekt het wc-hokje uit. Het is me in één klap duidelijk wat ze daar hebben uitgespookt. Ik voel me misselijk worden. Surfdudes zijn allemaal hetzelfde. En Alecs replica's kopiëren dus zelfs zijn gedrag.

'Jij moet eens kappen met die mannen en je een tijdje op jezelf gaan concentreren,' spreekt Jan me dwingend toe tijdens onze eerstvolgende schrijfsessie. Ons boek vordert tussen het janken door heel aardig. 'Huil nooit in het openbaar' is een van de hoofdstukken waarin ik vrouwen adviseer hoe ze zich moeten gedragen op de werkvloer. Op mijn eigen werkvloer staat een doos tissues naast mijn laptop. Bij het schrijven komt ongeboren pijn vrij. Ik dacht dat ik iedereen alles vergeven had, maar door het schrijven kom ik erachter dat ik midden in een stevig rouwproces zit. Mijn gejank is niet alleen om Alec, alhoewel ik zeker lijd aan een serieuze vorm van hartzeer. Ik hield nooit eerder zoveel van een man. Maar het verdriet zit dieper. Ik huil nu pas alles eruit om het verlies van mijn oude leven. Niet zozeer om het verlies van Arthur, ik was eerlijk gezegd zo'n vier maanden na zijn vertrek wel over hem heen. Ik miste hem ook niet meer. Maar door het verlaten van de boerderij en het weg moeten doen van bijna al mijn dieren werd het rouwproces in gang gezet. En de voorgenomen reis met Jarmund gaf me de ruimte om nog een tijdje weg te lopen voor de waarheid over mijn carrière. Mijn carrière is voorbij. Mijn ziekte leidde tot ontslag en nu, anderhalf jaar later, merk ik hoezeer ik in het dagelijks leven beperkt ben. Ik zal nooit meer kunnen functioneren op het niveau waar ik zat in het zakenleven. En die constatering is wrang, zeker nu ik in een boek al mijn levenservaring als zakenvrouw bundel, zodat andere vrouwen er hun voordeel mee kunnen doen.

Ik volg het advies van Jan op. Afgezien van af en toe een gezellige flirt tijdens het stappen of in de virtuele wereld waarin ik leef met een actief Twitter-account concentreer ik me op mijn werk en mezelf. Maar een manloos bestaan maakt dat ik me geamputeerd voel. Ik had twintig jaar een relatie. Ging vanuit mijn ouderlijk huis direct met Arthur samenwonen. Ik ben nog geprogrammeerd om in een relatie te zitten. Een andere vorm ken ik eigenlijk niet. Op mijn Facebook-foto's lijk ik het prototype van de happy single die alles uit haar vrijheid haalt en zo voel ik me ook meestal. Maar af en toe voelt het ook alsof ik mislukt ben.

Op de begrafenis van mijn oma overvalt me bijvoorbeeld dat gevoel. Oma werd 91 jaar, kreeg zeven kinderen, die er ook weer allemaal vier op de wereld zetten. Op haar rouwkaart sta ik als enige alleen genoemd in de lange, lange rij nageslacht. Scheiden en kinderloos blijven komt in mijn familie niet voor. In de polder waar ik opgroeide en waar vrijwel mijn hele familie woont, trouwt iedereen met zijn buurjongen of buurmeisje. En daar blijf je dan de rest van je leven bij. Zo deden mijn ouders dat ook, ze zaten bij elkaar in de klas op de lagere school. Het meest exotische huwelijk in de familie van mijn vader is van zijn oudere broer met een vrouw helemaal uit Loosdrecht, vijf kilometer verderop. Zij zal de rest van haar leven als import gezien worden.

Als ik binnenkom bij de begrafenis zie ik dan ook dat mijn ooms en tantes me vreemd aankijken. Ach jeetje, daar is Maud, tja, die heeft geen man, hoor ik ze denken. Ik zet me eroverheen en omhels mijn tante Anneke en condoleer haar.

Ze kijkt me verward aan en zegt: 'Ken ik u?'

O ja, dat is waar ook, ik ben niet zo'n familiemens, mijn ooms en tantes hebben me al jaren niet meer gezien. Daarom keken ze dus zo raar naar me, ze herkenden me niet met mijn lange blonde haar, mooie jurkje en twaalf centimeter hoge hakken. Hun nichtje Maud liep altijd in schipperstruien en op gympies. Tijdens de herdenkingsdienst voel ik me verloren. Alleen zitten op begrafenissen en bruiloften, met een lege stoel naast je, blijft ellendig. Gelukkig mag ik hier huilen. Niemand ziet dat mijn tranen uit zelfmedelijden zijn in plaats van voor oma. Ik had hier met Alec willen zijn.

Ik kijk naar de neefjes en nichtjes met wie ik opgroeide. Ze zitten om mij heen met hun poldergezinnen. Sommigen, zoals mijn oudste broer, hebben al grote pubers als kinderen, maar het wemelt er ook van de peuters en kleuters. Ik zou met niemand van hen willen ruilen, hoe eenzaam ik me op dit moment ook voel. Mijn oog valt op de fotograaf die discreet plaatjes schiet van mijn rouwende familie. Huh? Dat is Jurgen, met wie ik een paar maanden geleden een korte, heftige affaire had toen ik blijkbaar opeens op werkloze, langharige gitaristen viel. Op weg naar het kerkhof springt hij bij me in de auto en mijn zelfmedelijden verdwijnt als sneeuw voor de zon. Schaamteloos en onverschrokken leven, dat is wat ik doe. De mores van de polder waar ik opgroeide passen niet meer bij mij.

De zomer glijdt voorbij zonder dat ik zeil. Ik moet afkicken van Alec. En dat kan alleen door niet weer te zwichten voor een uitnodiging om met hem het water op te gaan. Ik heb zeilwee. Zeilwee is als een soort gerijpt liefdesverdriet, waarbij je al in de melancholische fase zit. Alleen al voor de smaak van gerijpt liefdesverdriet moet je af en toe je hart breken. Maar niet te vaak. Hoe vaak kan je hart eigenlijk breken, vraag ik me af. Misschien toch maar één keer. Daarna voelt het alsof er plakband omheen zit dat niet meer alles doorlaat. Het gevoel voor alle mannen die ik na Alec ontmoet glibbert over het plakband en beklijft niet. Als ik op het strandje in het Naarderbos lig kijk ik met pijn naar de zeilboten die voorbijvaren, op weg naar het IJsselmeer. Ik fantaseer over de stelletjes die aan boord zijn. Die zijn vast allemaal heel gelukkig. Waarom lukt het hun wel en mij niet? Ik pijnig mezelf met de gedachte aan Alec en zijn zeilgezelschap deze zomer. Want hij zeilt natuurlijk nu wel en dat doet hij niet alleen. Ik zie de film voor me, hij lachend op zijn boot met mooie, twintig jaar jongere vrouwen aan zijn voeten. O, wat mis ik mijn zeerover, zoveel dat het voelt als fysieke pijn. Zou hij mij ook missen?

Al voordat mijn boek af is heb ik de eerste interviews met damesbladen. Het mutsenparadijsthema maakt veel los, dus er is veel belangstelling voor mijn levenslessen voor vrouwen. Tussen het af schrijven van het boek door ren ik van fotoshoot naar interview naar radio-optreden. En ik mail Jarmund trots dat mijn boek eind van het jaar in de winkels ligt in Nederland. Het is helaas niet het boek geworden van onze zeilreis, maar ik noem hem wel in mijn voorwoord. Zonder hem was dit boek er niet geweest, hij heeft mij geïnspireerd om te gaan schrijven.

'I am so proud of you, Maud. I'm so sorry we missed out on

our chance of sailing together. You are still very welcome to come on board. What are your plans for Christmas? I decided to stay in Brasil and visit my children beginning of January. Why don't you join me here? New Year's Eve in Brasil is a great party. I will teach you how to dance the forró.

Dat is nog eens een aanlokkelijk aanbod. Ik leg Jarmund uit dat ik na de jaarwisseling maar een paar dagen kan blijven omdat ik verder moet met mijn boekpromotie.

'*No problem at all, Maud. You can arrive and leave anytime you want.*'

Ik denk er niet langer over na en boek een ticket naar Rio. Jarmund zal me daar op 20 december oppikken met een taxi. Ik verheug me er enorm op om alsnog de kans te krijgen Jarmund beter te leren kennen. We teren nog altijd op een ontmoeting van vijf minuten, al ons contact was sindsdien via e-mail.

'Als dat boek van je uitkomt geef je een groot feest,' besluit Angelique. 'Alles in het leven moet gevierd worden. Je mag trots op jezelf zijn. Je had nu een zielige patiënt kunnen zijn, maar jij bent juist tot leven gekomen. Dat laten we niet zomaar voorbijgaan. Eens even zien. Waar kunnen ze driehonderd mensen huisvesten? Wat is je budget? Twintigduizend euro of zo? We doen het gezellig in het Gooi, hoor, niet in Amsterdam.'

'Driehonderd mensen? Ik ken niet eens driehonderd mensen, Angelique!' En twintigduizend euro? 'Dan mag ik nog wel vijf boeken schrijven om dat weer terug te verdienen!' sputter ik tegen.

'Natuurlijk ken jij driehonderd mensen. Je hebt al tienduizend Twitter-vrienden of zo. Hier, begin maar met een lijstje maken, dan ga ik eens rondbellen voor een goeie dj. Of willen we liever een bandje?' vraagt Angelique stralend terwijl ze me pen en papier geeft.

Ze verheugt zich nu al. Dat is duidelijk. Mensen die tegen de wil van Angelique in gaan zijn nog niet geboren, dus ik begin braaf aan een lijstje. Ik weet ook wel dat zij gelijk heeft. Alle doelen uit het start living-document dat ik opstelde nadat Arthur mij verliet zijn behaald. Mijn angsten zijn overwonnen, ik laat me niet meer tegenhouden in het nastreven van geluk en avontuur. Twee jaar geleden zat ik lamgeslagen in mijn eentje op de boerderij, met maar één vriendin die ik kon bellen. En nu heb ik een vol sociaal leven, met Angelique als bruisende kern. Sinds ik haar ken is alles radicaal veranderd. Zij leerde mij genieten en onverschrokken leven. Vanaf onze eerste ontmoeting keek ik tegen haar op. Ik vond haar de mooiste vrouw die ik ooit had gezien. Angelique heeft een meisjesachtig lijf, mooi petieterig vrouwelijk, je kunt je niet voorstellen dat zij twee tienerkinderen heeft. Ik voel me altijd een reuzin naast haar, terwijl zij zelfs in de tuin werkt op haar hakken van minimaal twaalf centimeter. Ze heeft een lief gezicht met het blonde kapsel dat in het Gooi door vrouwen wordt gedragen als was het onderdeel van een uniform. Alle kleding staat haar en niets lijkt haar moeite te kosten. Ze kan ongetraind tien kilometer hardlopen, nachtenlang aan de zwier gaan met veel drank en de volgende ochtend om zeven uur alweer stuiteren van de energie, altijd klaar voor een nieuw avontuur. In een volle kroeg vol onbekenden is ze direct het middelpunt. Mannen fietsen tegen een boom als zij door de stad loopt. En ze is ook nog eens lief, kan goed luisteren en koken en weet overal waar ze binnenkomt direct sfeer te maken. Altijd als ze een huis binnenstapt zet ze drie kaarsen op een andere plek, vindt een mooi schaaltje voor de koekjes waarvan je niet wist dat je het had, legt de kussens op de bank net even anders en tovert zo zonder moeite een rommelig huis om tot een plaatje uit een woonmagazine. Wat me nog het meest aanspreekt is dat Angelique totaal onbevreesd en onafhankelijk leeft. Kort voordat ik haar leerde kennen had ze de miljoenenvilla waar ze woonde en haar dominante echtgenoot verlaten omdat ze niet gelukkig was. Niet veel Gooise vrouwen zetten die stap door de achterdeur van de gouden kooi, maar zij begon met veel ambitie een eigen bedrijf en genoot van haar herwonnen vrijheid. In die ambitie vonden we elkaar. Met haar levenslust sleepte ze me direct mee een leven in dat ik niet kende en dat ik opslurp. Zij en haar vriendinnen deden me eerst denken aan de meiden die me links lieten liggen op mijn middelbare kakschool in het Gooi. En nu ineens ben ik zomaar opgenomen in deze groep glamoureuze vrouwen van wie Angelique de gangmaker is.

'Zo, de dj en de locatie zijn geregeld. Het wordt ietsje meer dan twintigduizend euro, denk ik, maar je moet maar zo denken: andere mensen gaan trouwen en jij viert dit. We gaan hier eens een mooi flesje op opentrekken. Schiet jij al op met je lijstje?' wil Angelique weten als ze de tweede fles van de avond ontkurkt, terwijl ik nog steeds achter een glaasje water zit.

En zo puilt het met ballonnen gevulde restaurant in de jacht-haven aan de Loosdrechtse Plassen uit met meer dan drie-honderd mensen op de avond dat ik mijn boek presenteer. Angelique had gelijk. Honderden mensen willen meedelen in mijn succes en mijn leven. Ze zijn er allemaal al. Behalve ik. Ik heb al drie gemiste oproepen van Angelique. En tal-loze zenuwachtige sms'jes. Met foto's van een volle zaal met lachende mensen en teksten als: 'WAAR BLIJF JE!!!!! JE BENT TOCH WEL ONDERWEG?!?!!!!!'

Ik ben niet onderweg. Ik zit aan mijn keukentafel. In mijn sexy leren couturejurk die speciaal voor vanavond is gemaakt. Mijn haar krult prachtig geföhnd langs mijn be-traande gezicht.

'Ik ga niet, Yvonne,' jank ik. 'Bel Angelique maar dat ik niet kom. Ze zegt maar dat ik ziek ben. Geeft iedereen maar een boek en wat te drinken. Ze kunnen zonder mij ook wel feestvieren.'

'Natuurlijk ga je wel. Doe nou even wat make-up op je ge-zicht en houd in vredesnaam op met huilen om die kloot-zak. Er zitten allemaal mensen op je te wachten die wél van je houden. Geef die loser niet zoveel macht over jouw leven.'

Yvonne had een hekel aan Alec vanaf de eerste minuut dat ze hem ontmoette. En dat was wederzijds. Alec vond haar een pinnige muts en zij hem een vieze foute man. Maar ik houd van hem. Nog steeds. Ik smacht elk uur van elke dag naar hem. Hij is het eerste waar ik aan denk als ik wakker word. En het laatste als ik in slaap val, zelfs naast een andere man in mijn bed.

'Driehonderd mensen in de zaal, maar niet die ene die er

had moeten zijn, Yvon. Ik wil daar geen show opvoeren van de gelukkige, geslaagde Maud. Ik wil in mijn bed liggen en huilen.'

Yvonne trekt aan mijn arm. Ze werkt in het onderwijs met moeilijk opvoedbare kinderen. Ik ben een makkelijke prooi voor haar.

'Kappen met dat slachtoffergedrag waar je mutsen van beschuldigt in je boek. Je hebt vijf minuten, dan rijden we weg. Ik zal dat nu aan Angelique doorgeven.'

Gelukkig kan ik inmiddels toveren met make-up. Als ik onderweg in de auto van Yvonne mijn lippen stift zie ik zelfs niet eens meer de sporen van mijn hysterische gedrag.

Er ligt een rode loper in de jachthaven. Al bij de eerste stap die ik erop zet voel ik het verdrietige gevoel van me afglijden. Ik klim op het podium om iedereen toe te spreken, mijn stem bibbert nog even als ik de lieve mensen bedank die er al voor me waren toen ik twee jaar geleden op het diepste punt van mijn leven was. Mijn ouders, mijn broer en zijn gezin, mijn verstandige en sterke vriendin Annelou. Snel daarna slaat de emotie om in geluk. Het podium en de spotlights, daar is mijn plek. Mijn oog valt op een krullenbol in het hoekje. O ja, de Alec-replica met wie ik eerder deze week nog zoende is er ook! Angelique kijkt trots naar me als ik het startsein geef aan de veel te dure dj om het feest te openen. Als ik later aan een tafeltje boeken zit te signeren naast een dansvloer vol feestvierende mensen voel ik dat ik op het andere pootje van de U ben geklommen. Maud de schrijfster, die los door het leven danst: het is gelukt.

De volgende dag ben ik live op tv in de belangrijkste talk-show van Nederland om over het boek te praten. Op de borrel na afloop klets ik met de lange presentator met de mooie krullen. Ik kijk op mijn telefoon en zie dat ik tiental-len berichten heb. Mijn optreden in de show heeft veel los-gemaakt, meer dan tienduizend nogal agressieve reacties op internet van vrouwen die mij arrogant vinden, zo blijkt la-ter. Zelfs de kinderloze presentator-met-de-mooie-krullen, die er in interviews geen geheim van maakt dat hij honder-den vrouwen neukte, zei tijdens de tv-uitzending tegen mij: 'U praat wel een beetje makkelijk over vrouwen die op het schoolplein rondhangen in plaats van werken, want u hebt niet eens een man en kinderen.'

Geen kinderen hebben was blijkbaar ineens een teken van falen geworden, terwijl ik al mijn hele volwassen leven mijn uiterste best deed om ze niet te krijgen. Tijdens de borrel praat ik daar met hem over door. Ik zeg dat ik het een rare opmerking vind, zeker uit zijn mond. 'Jij bent zelf een man die kiest voor vrijheid. Dat doe ik ook. Ik vier elke dag mijn vrijheid. De meeste mensen durven dat niet. We leven in een land van knellende middelmaat. Iedereen moet zich aan dezelfde regels houden. Dit land is dichtgeplakt met rub-bertegels en flitspalen. Een paar keer per jaar doen we ge-organiseerd gek, met een oranje petje en brulshirt. Maar verder zijn we bang om te verliezen wat we hebben. Daarom houden mensen zichzelf gevangen in relaties die allang niet meer leuk zijn en banen die ze al jaren tegenstaan. Ze slui-ten zichzelf op in rijtjeshuizen met kleine tuintjes en hoge schuttingen en streven naar samen oud worden. Alsof voor altijd iets goeds is. Juist relaties zouden moeten draaien om vrijheid, want zonder vrijheid geen geluk. Mensen moeten eens gaan leven alsof iemand het hek openliet. Lafheid houdt ze tegen alles te halen uit de vrijheid die we hebben. De vrouwen storten zich op de kinderen terwijl hun mannen aansluiten in de file, op naar de kantoortuin met vieze koffie. 's Avonds zitten ze samen zwijgzaam voor de tv.'

'Ja ja ja, stoere taal,' zegt hij. 'Om te verbloemen dat je zelf geen man hebt.'

Ik begin mijn geduld met hem te verliezen. 'Volgens mij haal je dingen door elkaar, vriend. Ik had twintig jaar dezelfde man. En nu heb ik steeds een andere. Wat heeft dat te maken met mijn oproep aan vrouwen om meer uit hun leven te halen?'

'O,' lacht hij, 'steeds een andere man, dus nooit eens een die blijft?'

'Blijft? Hoezo blijft? Ik kan ze toch moeilijk allemaal houden?'

Ik zie het beeld voor me van een *walk-in closet* in mijn huis vol met kooitjes waar mannen in zitten, als honden in een asiel. En dat ik dan elke dag een rondje maak en besluit wie me die dag mag vermaken. Ik krijg de slappe lach van dat beeld. De presentator kijkt me niet-begrijpend aan, onwetend van mijn binnenpretje.

'Je bent een bijzondere vrouw. Ik zou weleens willen weten of je dit nou allemaal meent. Ben je echt zo keihard, of speel je een rol? Probeer je soms verdriet te verbergen achter dat harde buitenkantje, Maud?' vraagt hij terwijl hij me diep in de ogen kijkt.

Ah ja, deze man is goed, ik snap wel dat vrouwen voor hem vallen. Uren later, als alle andere gasten allang naar huis zijn, gooit de barman ons naar buiten. Ik kijk nog een keer naar zijn krullen en denk: ja, je bent leuk, maar niet zo leuk als Alec.

In de auto pak ik opnieuw mijn telefoon en zie dat een van de vele berichtjes van Alec is.

'Ik zag je net op tv, lieverd. Wat ben ik toch ontzettend trots op jou. Je zag er fantastisch uit. Ik mis je zo. Kom je morgen fijn naar me toe?'

Ik had het hele weekend na de talkshow kunnen besteden aan het lezen van alle reacties. Mijn mailbox was ontploft en #muts was tot laat in de zaterdagmiddag *trending topic* op Twitter. Duizenden mensen hadden een mening over mij, niet over mijn boek, want dat lag nog niet eens in de winkel. Vrouwen buitelden over elkaar heen om me verwijten te maken. Ze voelden zich blijkbaar aangevallen door mijn oproep om hun witte leggings te verruilen voor een mooi jurkje en wat van hun leven te maken in plaats van te blijven mutsen aan de keukentafel. Ik lees het allemaal niet. Want ik besluit de liefde nog maar eens een kans te geven. Met Alec.

10 Liefde nog eens proberen

Het voelt gek, ik rijd achter Alec aan. Hij heeft mij nog niet gezien. Ik kijk naar zijn krullen. Voel ik iets? Ik weet het niet zeker, hoelang ben ik eigenlijk al verslingerd aan deze man? De pijn als we – zoals nu – maanden geen contact hadden is soms bijna ondraaglijk. Alec parkeert zijn oude Land Rover, zich nog altijd niet bewust van het feit dat ik al een tijdje achter hem rijd. Zijn gezicht klaart op als hij me ziet.

'Ha, lieverd! Ik had je nog niet gezien! Zat je al lang achter me met die witte tank van je? Zullen we met jouw auto verdergaan? Dan mag jij het parkeergeld in de stad betalen, hahahaha.'

Het blijft ook een sloeber, ik weet nu al zeker dat ik ook het diner ga betalen. Dat is de enige zekerheid die Alec me biedt sinds ik hem ken. Ik kijk naar hem als hij naast me in de auto zit, op weg naar het restaurant. Voel ik iets? Ja, fysieke aantrekkingskracht en oude pijn. Maar is het liefde?

'Hoe gaat het met je? Je ziet er prachtig uit. Je wordt steeds mooier, dat zag ik gisteren al op tv.'

Het klinkt zo gemeend. Misschien meent Alec het deze keer wel echt. Misschien meende hij het alle keren hiervoor ook wel echt. Ik wil het zo graag geloven.

'Prima. Ja, alles gaat naar mijn zin.'

Is dat waar? Ik weet het zelf eigenlijk niet. Elke dag die ik zonder Alec doorbracht leek zinloos. Altijd als ik weer dacht dat ik hem voorgoed kwijt was stortte mijn wereld in.

'Behalve de liefde dan,' hoor ik mezelf zeggen. 'Ik zit weer eens in een amourette die nergens heen gaat.'

Nee, nee, nee! Waarom doe ik dit nu weer? Er is helemaal geen amourette van betekenis, alleen een kansloze scharrel, weer een Alec-replica met wie ik al een paar maanden af en aan seks heb en niet veel meer dan dat. Waarom wil ik nu weer stoer doen? Om hem pijn te doen? Om mezelf te beschermen? De boodschap komt aan. Ik herken de verborgen pijn en ergernis op zijn gezicht zo langzamerhand wel.

'Amourette? Wat is een amourette?' Hij klinkt verbaasd.

Verdomme. Wat denkt hij wel? Dat ik weer maanden op hem heb zitten wachten? Dat er niemand anders in mij geïnteresseerd zou kunnen zijn?

'Ja, met die ene gitarist, daar heb ik je weleens over verteld toch, of niet?'

Alec kijkt stuurs naar buiten.

'Ik weet niks van een amourette. Ik weet niet eens wat een amourette is.'

Ik leg het geduldig uit. Een amourette is gewoon een affaire, een fling, een scharrel. Ik heb al eerder gescharreld met die man toen het eens uit was tussen Alec en mij, toen was het heel erg pril en nu is het aflopend.

'O, je hebt dus een relatie,' stelt hij met afgemeten stem vast.

'Nee joh, een amourette is geen relatie. Het is gewoon een kortlopend dingetje voor de fun. Het zou een relatie kunnen worden, maar dat werd het in dit geval niet.'

Hij wil weten waarom dan niet. Ik pak zijn hand vast en druk hem tegen mijn borst. Ik kijk hem aan en zeg: 'Omdat ik van jou houd, Alec. Ik kan jou nooit vergeten. Ik probeer het wel, maar het lukt niet. Ik houd van jou. Alleen van jou.'

Hij gelooft me niet, dat zie ik wel. In het hippe restaurant kruip ik op het bankje tegen de spiegelwand. Alec weigert op de stoel aan de andere kant van het tafeltje te gaan zitten, maar tilt me op en neemt me op schoot. Zijn handen schieten onder mijn wikkeljurkje. 'Hmmmm, lekker toegankelijk jurkje,' grijnst hij.

O, wat voelt dit goed. Waarom voelt dit toch met geen enkele andere man zo goed? Zijn zoenen voelen heerlijk. Het personeel van de bediening kijkt lachend naar ons. Twee verliefde mensen in de zaak, die niet van elkaar af kunnen blijven. Wie zou er niet blij van worden? Ik informeer naar zijn ouders en zijn kinderen.

'O, goed dat je het vraagt, mijn moeder is dinsdag jarig. Ga je met me mee naar haar feestje?'

Dat lijkt me leuk, ik heb zijn moeder nog nooit ontmoet. Ik ben wel nieuwsgierig naar deze vrouw die zo'n zwaar stempel op zijn leven drukt. Hij is dol op haar en tegelijkertijd bang voor haar, is mijn inschatting. Ik wil ze weleens samen zien om uit te vinden hoe het nu precies zit tussen hen. Hij belt haar direct. 'Ha ma! Ik zit hier met Maud. Ja, die Maud, ja, waar ik al zo vaak over verteld heb. Ja, die was gisteravond op tv, inderdaad. Heb je haar gezien? Ze wil met me mee naar je verjaardag volgende week. Is dat oké? O, leuk, dan zie je ons dinsdag.'

Zie je wel. Hij vertelt zijn moeder dus ook over mij. Ik ben best wel belangrijk voor hem. Hoe heb ik daar nou ooit aan kunnen twijfelen? Het eet best lastig trouwens als je bij elkaar op schoot zit. En als zijn hand steeds onder je jurkje verdwijnt. De bediening kijkt nog steeds geamuseerd, maar maakt ook wel duidelijk dat het tijd is om te verkassen. *Get a room*, zie je ze denken. In het café verderop op het plein staat een grote loungebank achter in de zaak. We kruipen er samen in weg. Zijn handen zijn overal. Hij vraagt of ik met hem meega naar het huis van zijn vriend Marco, waar hij kan crashen vannacht, in het gastenverblijf.

'We gaan geen seks hebben, Alec, dat heb ik door de telefoon al tegen je gezegd. Dat is waarom we hier in de stad hebben afgesproken en niet bij jou thuis. Het kan trouwens niet eens. Want ik ben van pil aan het wisselen, dus het is ook nog eens hartstikke onveilig nu.' Alec doet altijd net alsof hij doodgaat van condooms, dus die optie valt ook af.

Hij pakt mijn gezicht vast en kijkt me indringend aan. 'O, lieverd, als ik toch eens met jou kinderen zou hebben in plaats van met die domme heks die ze heeft gebaard. Wat zou mijn leven er dan anders uitzien. Met jou samen had ik het heerlijk gevonden. Zullen we een kindje maken?'

Wacht even. Ik ben tweeënveertig, en al mijn hele leven weet ik zeker dat ik geen kinderen wil. Dat weet ik nu zelfs zekerder dan ooit. In mijn ongeregelde leven is helemaal geen plaats voor een kind. Nog los van het feit dat ik te hard gewerkt heb aan mijn lijf om dat even door een zwangerschap te laten verwoesten. En trouwens, zwanger worden op deze leeftijd? Wie probeer ik voor de gek te houden? Ik wil geen kind baren, geen kind hebben en geen kind opvoeden.

Maar ik wil een kind maken. Nu. Met Alec. Voor het eerst van mijn leven begrijp ik het. Je neemt geen rationele besluiten over kinderen. Het is een oerdrift die ineens door je lijf woedt. De drift om je voort te planten, om uit liefde iets samen te maken met die ene man. Met hem. Met Alec. Het moet gebeuren. Het moet nu gebeuren.

Ik rijd achter hem aan naar het huis van Marco. Gelukkig, alles is donker, hij is niet thuis, dus we hoeven niet eerst sociaal te doen. We sluipen naar het gastenverblijf. Alec rukt de kleren van mijn lijf. 'Weet je het zeker, lieverd?' vraagt hij nog. Ik heb nog nooit iets zo ontzettend zeker geweten.

'Ja, ik wil het nu. Ik wil samen met jou een baby maken.'

De volgende dag lopen we over het strand. Ik voel me gelukkiger dan ooit.

'Ik denk echt dat ik zwanger ben, Alec, ik voel het al aan mijn borsten. Kan dat?'

Ik zie dat hij meewarig naar me kijkt. Nu de geilheid van gisteravond naar de achtergrond is verdwenen, lijkt een baby hem ineens niet meer zo'n briljant idee.

'Nou, lieverd, je bent wel een beetje oud voor een baby, hè? Ben jij eigenlijk nog wel vruchtbaar?' is zijn cynische antwoord.

Ik voel de teleurstelling alweer opborrelen. Niet om die baby, ik weet ook wel dat een kind het laatste is wat ik wil. Maar wel om zijn enthousiasme over mij dat ik nu alweer voel afnemen. We hebben elkaar meer dan een halfjaar niet gezien en binnen achtenveertig uur behandelt hij me alweer lauwtjes. Ik laat zijn hand los en ga een paar meter verderop lopen. Hij kijkt me verwonderd aan, maar zegt niks. We lopen een tijdlang zwijgend zo verder. Totdat we het einde van het strand naderen, vlak bij zijn huis.

'Waarom houd ik toch zoveel van jou?' vraag ik me hardop af. 'Ik voel dat je me nu alweer begint af te stoten.'

'Je moet eens niet zo zeuren, lieverd,' zegt hij terwijl hij me de drempel over duwt. In de hal zoent hij me en begint met het uittrekken van mijn kleren. 'We gaan gewoon nog een poging doen om die baby te maken.'

'Zo, liefje,' zegt Alec als we uren later weer tot een gesprek in staat zijn. 'Het is binnenkort alweer Kerstmis. Vorig jaar was ik voor de kerst veel bij jou op de boerderij en hielp ik je met verhuizen. Tot jij naar de Carib vertrok. Wat ga jij dit jaar eigenlijk doen? Weet je dat al?'

Ik voel het bloed uit mijn gezicht wegtrekken. O ja, kerst. Dan ben ik bij Jarmund op de boot. Ik heb Alec net weer teruggevonden en het eerste wat ik hem moet vertellen gaat weer over een andere man met een zeilboot. Hij ziet dat ik aarzel en kijkt me wantrouwend aan. 'Nou, dat is wel leuk eigenlijk. Ik ga met kerst weer zeilen,' zeg ik zo vrolijk mogelijk.

'Wat heb jij toch een fijn leven, Maud,' antwoordt hij sarcastisch. 'Ga je weer naar Rob toe op Guadeloupe?'

'Nee, ik ga naar Jarmund. Weet je nog wel, die Noor? Hij heeft me uitgenodigd om oud en nieuw in Brazilië te komen vieren.'

'Aha, dus je hebt nog steeds contact met die geile miljonair,' zegt Alec met een boze blik.

Ik leg hem nog maar eens uit dat Jarmund en ik alleen

maar een intellectuele connectie hebben, zuiver platonisch. We hebben dit gesprek een klein jaar geleden ook al eens gevoerd.

'Ik weet zeker dat hij niks van me wil, en trouwens, ik wil absoluut niks van hem. Die man heeft nota bene al een kleinzoon. Ik moet er niet aan denken om seks te hebben met zo'n ouwe knar!' probeer ik hem gerust te stellen.

'Hoe oud is die Jarmund eigenlijk?'

'Hij is geboren in 1959, staat op zijn Facebook,' antwoord ik.

'Fijn, lieverd, die ouwe bok van jou is dus maar drie jaar ouder dan ik.'

O ja, Alec ziet eruit als tweeënveertig, maar is toch echt al vijftig. Ik vergeet dat altijd. Als ik de volgende dag vertrek bij hem spreken we af dat ik hem weer bel als ik terug ben uit Brazilië. We beloven elkaar niks.

'Wat fijn dat je er was, liefje, ik heb ontzettend van je genoten. Fijne reis en ik zie je volgend jaar,' zegt Alec als hij me gedag kust.

11 Los

Jarmund zwaait al naar me als ik op mijn tas sta te wachten bij de bagageband. Ik herken hem ook direct, ik kijk in het vriendelijke gezicht dat ik me herinner van onze korte ontmoeting op de steiger, nu bijna een jaar geleden. Hij omhelst me en zegt: 'Wat heerlijk dat je er bent! Ik heb me er ontzettend op verheugd. Wij gaan een geweldige tijd hebben hier. En ik deed wat ik jou beloofde, hè! Ik bleef in het gebied waar jij in je bikini aan het dek kunt liggen. Wat zit hier allemaal nog meer in, behalve bikini's?' lacht hij als hij mijn zeiltas in de taxi tilt.

'Hoe gaat het met je, Jarmund?' vraag ik als we op de achterbank zitten. 'Waarom ben je nog altijd in Brazilië? Je had toch allang bij de Zuidpool moeten zijn?'

Hij vertelt over de geboorte van zijn eerste kleinzoon, een paar maanden eerder. Hij is ervoor teruggegaan naar Noorwegen en veel langer gebleven dan hij had gedacht. Hij had zijn kinderen heel erg gemist en genoot van zijn nieuwe rol als opa. Hij kon zich niet losrukken van dat kleine kereltje. Net als alle zakenmannen had hij zijn eigen kinderen nauwelijks gezien toen ze klein waren en hij vindt het fantastisch dat hij de schade nu kan inhalen door zijn kleinzoon te verwennen en overal mee naartoe te nemen, hoe klein het kereltje ook nog maar is.

'En ik heb veel tijd met Liv doorgebracht,' voegt hij eraan toe. 'Ik miste haar heel erg tijdens het afgelopen jaar. Je weet dat het mijn bedoeling was om deze reis samen met haar te maken. Ik was eenzaam in die tijd dat ik jou tegenkwam op Union Island. Merkte je dat aan me?'

Ik onderdruk een lach. Arme Jarmund. Hij weet wel dat ik hem in het voorwoord van mijn boek heb genoemd, maar dat ik hem daar beschreef als eenzame zeilmiljonair weet hij niet. Ik knik hem bemoedigend toe, want ik wil precies weten hoe het allemaal zit.

'Liv en ik hebben elkaar daar in Noorwegen weer teruggevonden,' vertelt hij me met een ernstig gezicht. 'En ze heeft me uitgelegd waarom ze het niet leuk vond aan boord. Zij wilde genieten van de reis. Ik was vooral op weg ergens naartoe. En ze was erg zeeziek, maar een Belgische arts heeft haar heel goede medicatie gegeven en nu gaat het best goed. Ze hoeft bijna nooit meer over te geven.'

'Aha, dus Liv is ook weer aan boord gestapt?' wil ik weten.

'Jazeker,' straalt Jarmund. 'Ze zit al op ons te wachten op de boot. Ze heeft zich ook erg op jouw komst verheugd. Want ik heb haar veel over je verteld. We hebben zelfs samen op internet naar de uitzending van die talkshow gekeken waar jij laatst in zat, waarvan je het linkje op Facebook had gezet. We konden er weliswaar niks van verstaan, maar je zag er zelfverzekerd uit. We waren allebei trots op jou.'

Ik slik even en weet niet of ik me opgelucht of teleurgesteld voel. Opgelucht dat ik inderdaad gelijk had, dat Jarmund niet uit was op een verhouding met mij. Maar toch ook de teleurstelling, het maken van een lange reis met hem voelde altijd in mijn achterhoofd nog wel als een optie. Maar nu hij weer de originele bezetting op zijn boot heeft, hoort hij niet meer bij de groep eenzame miljonairs die naarstig op zoek zijn naar gezelschap. Ik besluit me er verder niet druk over te maken. Ik zeil tijdens de kerstdagen, waar ik al mijn hele leven een hekel aan heb gehad, in het mooiste gebied ter wereld op een fijne boot met aardige mensen. Want dat ik Liv aardig ga vinden heb ik nu al besloten. Mijn inschatting blijkt juist, Liv is een slimme, warme vrouw van mijn leeftijd. Vanaf het eerste moment voel ik me verbonden met haar, zoals ik dat met Jarmund vorig jaar ook had. Ze zijn van het soort mensen waar ik van houd. Ambitieus, eerlijk, maar ook warm en met oog voor de echte dingen in het leven, zoals de natuur en de mensen om hen heen. We hebben diepe gesprekken, over de liefde, over doelen stellen in je leven en hoe je die haalt. En dat je soms ook weer los moet laten. Ik vertel over mijn ingewikkelde liefdesgeschiedenis met Alec en dat ik hoop put uit hun verhaal; zij hebben hun moeilijkheden overwonnen en lijken erg gelukkig met elkaar. Liv legt uit hoe ze doorging met haar leven nadat ze van boord ging.

'Ja, ik was verdrietig. En soms ook wel wanhopig. Ik had mijn baan opgezegd voor deze reis en moest weer helemaal opnieuw mijn draai in Noorwegen vinden toen ik eerder terugkwam. En ik hield nog net zoveel van Jarmund als voor ons vertrek. Ik wist ook zeker dat hij nog net zoveel van mij hield. Ik stapte niet van boord omdat de liefde op was, maar de reis maakte mij ongelukkig. Ik was verdrietig dat het zo afliep. Voor mezelf, maar ook voor Jarmund. Het deed me pijn om te weten dat hij eenzaam was aan boord. Toen hij me vertelde dat hij jou ontmoet had, was ik dan ook blij voor hem. Maar ik maakte me ook wel even zorgen. Hij was duidelijk heel erg onder de indruk van jou.'

Liv pakt de hand van Jarmund vast en kijkt hem liefdevol aan. Ze lacht naar me.

'Maar het feit dat hij het mij direct vertelde, van jullie ontmoeting, gaf mij ook vertrouwen. De verbinding tussen ons was niet weg. Ik wist dat hij nog altijd het allerliefst de reis gewoon met mij had gemaakt. En ik gunde hem uit liefde een mooie tijd aan boord met een leuke vrouw. Mensen verwarren liefde vaak met bezit, maar je bezit een ander nooit. Ik wil Jarmund ook helemaal niet bezitten. Als je iemand wilt bezitten streef je naar een soort veiligheid, maar bezit geeft je juist een onveilig gevoel, omdat je het kwijt kunt raken.'

Ik knik.

'*Freedom is just another word for nothing left to lose*,' zing ik zachtjes.

Liv kijkt me tevreden aan. Wij begrijpen elkaar. Het is fijn om in hun nabijheid te mogen zijn en te genieten van de harmonie aan boord. Ik voel me geborgen en op mijn plek.

Jarmund blijkt een luie zeiler geworden. De wereld rond gaat in dit tempo geen vijfenhalf jaar, maar zijn hele leven duren. Hij is duidelijk niet meer op weg ergens naartoe. Hij zeilt nu al een paar weken in de Ilha Grandebaai en is nog lang niet van plan om hier weg te gaan.

'Er zijn 360 eilandjes in deze baai. Waarom zouden we ze niet allemaal eens bezoeken? Ik heb geen haast.'

We zeilen elke dag een stukje naar het volgende eiland.

Mijn Noorse vrienden gaan er vaak uren op uit met de berg-schoenen aan om de eilanden te verkennen. Ik vind het heer-lijk om in mijn eentje aan boord te blijven of op het strand te liggen. Ik ben een loner, dat wist ik al, maar in Brazilië wordt dat weer eens bevestigd. Dat maakt me in mijn hart ook een zeezeiler, denk ik. Mijn zeezeilervaring is nog altijd beperkt tot een paar korte tripjes. Maar 'zeezeiler' staat trots in mijn biografie op Twitter en Facebook. Ik ben het misschien nog niet echt, maar zo voelt het wel. Zeezeilers zijn loners. Zij zoeken de rust en de stilte van de zee, veel liever dan het ge-zelschap van mensen. Dat is wat me steeds maar weer naar de zee trekt, denk ik. Ik ben niet meer de sociaal gehandicap-te vrouw die ik was. Ik kan tegenwoordig wel vriendschap-pen sluiten, me vermaken met mensen. Maar het liefst, het allerliefst ben ik op zee. Met niemand om me heen uren naar de golven staren vanaf de punt van de boot. In mijn eentje met mijn paard Mac naar de hei komt daar nog het dichtst bij. Paardrijden is mijn vervanging voor zeezeilen. De *lonesome cowboy* zonder boot.

Jarmund en Liv halen me over om één wandeltocht met ze mee te gaan. 'Dit mag je niet missen, Maud. Ik laat je niet naar huis gaan zonder dat je dit strand gezien hebt. Het staat bekend als het mooiste strand van Brazilië, misschien wel van de wereld. En je kunt er alleen lopend komen. We gaan drie uur hiken door de jungle. Ben je weleens in het regen-woud geweest?' overtuigt Jarmund mij.

Met geleende bergschoenen van Liv aan mijn voeten klim ik achter ze aan door de jungle naar Lopes Mendes. Onderweg wijst Jarmund me op giftige slangen en bijzondere bomen. Wat ben ik blij dat ik meeging. De tocht is stevig, maar de beloning van een bijna verlaten strand is overweldigend. Er staan geen lelijke plastic bedjes, geen parasols, geen strandtenten, helemaal niks. Natuur zover je kunt kijken. We staren uren naar de golven zonder iets te zeggen en besluiten op dit eiland te blijven om er oudejaarsavond door te brengen. Vergeet Rio waar je samen met een miljoen mensen danst op het strand. Wij wentelen ons in de stilte en kijken op het strand bij Abrão naar het vuurwerk. Ik weet zeker dat ik op de mooiste plek op aarde ben om mijn nieuwe jaar te beginnen. We blijven gelukkig nog even op dit heerlijke groene eiland totdat Jarmund naar het vasteland zeilt, zodat ik aan mijn terugtocht naar Nederland kan beginnen. Mijn reis met Jarmund was veel korter dan ooit de bedoeling was en ik hoefde helemaal geen eenzaamheid bij hem weg te nemen. Maar het is een buitengewone ervaring waar ik nog lang op kan teren.

Als Alec me ophaalt van Schiphol kan ik hem recht in de ogen kijken. Anders dan vorig jaar is er niks voorgevallen in de afgelopen weken waarover ik uitleg verschuldigd ben, we kunnen de draad zo weer oppakken. Ik heb de wijze raad van Liv in mijn oren geknoopt. Liefde gedijt bij loslaten en niks verwachten. Als het goed is vinden we wel een manier om beter met elkaar om te gaan dan alle keren hiervoor. En als het niet goed komt, dan accepteer ik dat en leef ik door. Dat lukte me de vorige keer uiteindelijk ook, al werd ik soms opgevreten door verdriet.

De maanden die volgen gaan zonder drama voorbij. Ik probeer lief te hebben zonder verwachtingen en verplichtingen. Ik zie Alec regelmatig en weet zeker dat hij ook met andere vrouwen van alles uitvreet wat ik niet hoef te weten. Ik heb ook af en toe een scharreltje, hoeveel ik ook van Alec houd. Ik probeer niet te oordelen over onze situatie en maar gewoon te genieten van wat we wel hebben in plaats van me druk te maken over wat het niet is. Dat lukt lang niet altijd. Vooral in weekenden waarin ik geen contact met hem heb voel ik onrust. En herhaal ik als een mantra wat Liv tegen me zei. Je kunt iemand niet bezitten. Juist bezit maakt dat je onveiligheid voelt. Laat los en voel je vrij. Vliegeren, noemt een vriendin van mij dat. Je laat los, maar houdt wel het touwtje vast.

Het voorjaar breekt aan en Alec en ik maken zeilplannen. Hij wil deze zomer met mij de oversteek maken naar Engeland. Zijn eerste grotere tocht over zee. 'Maar eerst gaan we gewoon een weekje lekker rondvaren in Zeeland, Maud, er is nog zoveel wat ik je daar wil laten zien.'

In mei stappen we samen aan boord en het wordt de mooiste week van mijn leven, ik geniet van de eerste tot de laatste minuut. Van het zeilen, van de vrijheid, maar vooral van Alec. We leven de hele week in perfecte harmonie, ik zou het zelfs symbiose willen noemen. We begrijpen elkaar zonder woorden te wisselen. Alles gaat vanzelf. Als ik de afwas doe in een roze teiltje dat kleiner is dan de pannen waarin mijn zeerover elke avond kookt, ben ik totaal gelukkig. Mijn verzorgende kant komt zowaar boven. Ik houd van een traditionele rolverdeling aan boord, hij controleert het oliepeil van de motor en smeert de lieren door terwijl ik afwas en de kajuit opruim. Ik ben al maanden op tournee om vrouwen op een mild dwingende toon te vertellen dat ze moeten stoppen met mutsen, maar verander zelf in een prototype muts in deze setting met de man van wie ik houd. Op de terugweg naar zijn huis in de auto zeg ik dat ik wil dat het altijd zo blijft tussen ons, deze harmonie, het geluk dat we deze week bij elkaar vonden.

'Ik voelde me ook heel erg fijn deze week, schat. Maar waarom wil jij altijd meer? Hoe zie je dat dan voor je, als je zegt dat je het voor altijd zo wilt? Bedoel je dat je bij me in wilt trekken?' vraagt Alec.

'Nou, intrekken misschien niet. Ik houd echt wel mijn eigen huis aan, want ik vind het ook soms fijn om even alleen te zijn. Maar ik wil de belangrijkste vrouw in jouw leven zijn. Ik wil dat je familie weet dat ik je vriendin ben, dat de buitenwereld dat ook weet.'

En dat die andere vrouwen dat weten, denk ik erbij, maar zeg ik niet hardop.

'Ik wil dat jij de sleutel van mijn huis hebt en ik die van jou. Dat we vanzelfsprekend bij elkaar binnen kunnen lopen wanneer we dat willen. En dat het logisch is dat we vakanties met elkaar doorbrengen. Dat jij er voor me bent als ik naar het ziekenhuis moet. Ik wil gewoon niet meer het gevoel hebben dat ik het leven alleen leef, maar samen met jou.'

Alec tuurt lang uit het raam.

'Dat klinkt toch een beetje als een huwelijksaanzoek, lieverd. Mag ik daar eens een nachtje over slapen?'

Ik krijg pijn in mijn buik van zijn reactie en voel mijn ademhaling sneller gaan. Ik probeer rustig te blijven als ik zeg: 'Nee, Alec, een nachtje slapen is ook een antwoord. Waar moet je nog over nadenken? We hebben net een week samen op een boot van acht meter gezeten, zonder deurtje voor de wc. We hadden de beste seks van ons leven voor op het dek terwijl de autopiloot de boot stuurde.' Alec lacht.

'Jezus, ja, wat was dat goddelijk. Ik was totaal in extase.'

'Nou dan, waar moet je dan nog over nadenken?' vraag ik verdrietig.

'Weet je, Maud, het ligt niet aan jou. Ik ben heel graag bij jou en ik houd van jou, dat weet je. Maar ik kan gewoon geen vaste relatie hebben. Niet met jou en niet met een ander. Als ik het zou kunnen was het met jou. Maar ik kan het niet.'

'Je wilt het niet, bedoel je,' zeg ik meer verbeten dan ik van plan was.

'Nee, lieverd, ik kan het niet. Geloof me nou, ik heb er alles aan gedaan. Heb het met meerdere vrouwen geprobeerd. Maar liefde is voor mij te ingewikkeld. Ik ben er zelfs voor in therapie geweest een paar jaar geleden. Maar die psychiater zei ook dat hij het niet meer kon fiksen. Ik moet ermee leren leven.'

Ik besluit nu eindelijk eens door te bijten op dit onderwerp en Alec niet te laten wegkomen met oppervlakkige teksten. Al langere tijd heb ik het idee dat er iets serieus mankeert aan deze man, maar ik krijg mijn vinger er niet achter, omdat hij er niet helemaal eerlijk over is. Hij heeft me in de loop van de tijd wel flarden verteld op basis waarvan ik zelf al de nodige puzzelstukjes in elkaar kan zetten. Ik weet nog dat hij helemaal in het begin van onze affaire vertelde over zijn dominante moeder en hoe die, nu nog altijd, een zwaar stempel op zijn leven drukt. Ik kende hem toen nauwelijks, dus kon nog niet de goede vragen stellen. Ik weet wel dat ik een paar weken daarna met hem in de auto zat. Ik reed en hij dommelde een beetje weg. Ik legde mijn hand op zijn arm en hij schrok enorm. Ik zag een soort doodsangst in zijn ogen, hij kromp helemaal in elkaar. Het staat me nog zo helder voor de geest omdat ik nog nooit zoveel angst bij een volwassen man had gezien. Hij lachte het toen een beetje weg en zei dat hij door zijn moeder altijd mishandeld was. En dat hij daarom altijd op zijn hoede is voor fysiek geweld, ook in zijn slaap. Ik wist toen niet zo goed wat ik ermee aan moest. Later heeft hij me weleens gezegd dat die mishandelingen, geestelijk en lichamelijk, nu soms nog aan de orde zijn. En dat hij zich destijds door zijn moeder gedwongen voelde om in zijn huwelijk te stappen. Toen hij de moed had om weg te gaan bij zijn vrouw leidde dat jarenlang tot apathie. De periode die hij zelf beschrijft als zijn zeven jaar durende burn-out.

'Ik leef sindsdien op een andere manier. Jij noemt dat oppervlakkig. Misschien is het dat ook wel. Zodra ik liefde voel raak ik in paniek en moet ik wegvluchten.'

Ik herken dat wel, ja, zolang ik hem ken is dat precies wat hij doet. We hebben het een tijdje heerlijk en dan verdwijnt hij ineens van de aardbodem, hoor ik weken niks van hem, totdat hij ineens weer opduikt alsof er niks aan de hand was.

'Ik voel die neiging nu ook weer heel sterk, Maud. Om een

paar weken afstand van je te nemen. Niet omdat ik niet van je houd, maar juist omdat ik van je houd. Liefde bezorgt mij angst en wegrennen is voor mij de enige remedie. Ik stort me dan in vluchtige contacten tot het moment dat de angst en de paniek weer onder controle zijn.'

Ik ben blij met zijn eerlijkheid. Ik denk dat ik het ergens in de verte ook wel begrijp. Maar ik geloof in oplossingen, niet in opgeven en accepteren.

'Als je weet dat je dit gedrag vertoont kun je toch ook ingrijpen?' wil ik weten. 'Het is toch net als stoppen met roken, je moet gewoon geen sigaretten meer kopen. Waarom kun jij niet stoppen met weglopen?' wil ik weten.

Hij kijkt me verdrietig aan.

'Zo eenvoudig is het niet, lieverd. Het is geen kwestie van wilskracht. Het is alsof mijn geest het op dat moment van me overneemt. Ik heb dan geen enkele controle meer.'

Ik zie dat hij meent wat hij zegt. Dit is niet Alec de vrouwenversierder die me maar wat probeert wijs te maken.

'Maar wat gebeurt er op zo'n moment dan in je hoofd? Kun je me dat uitleggen?'

Hij schraapt zijn keel en wacht minutenlang met antwoord geven. Ik zie zijn kaken spannen.

'Nou ja, uh, het is denk ik een soort depressiviteit of zo. De eerste dagen kan ik eigenlijk alleen maar op de bank zitten. Met de gordijnen dicht, want ik kan dan geen licht verdragen. Ik kan de buitenwereld niet verdragen. Ik heb verschrikkelijke hoofdpijnen. En soms zijn er zomaar een paar dagen voorbij zonder dat ik het heb gemerkt. Bijna alsof ik er even niet bij was.'

Ik zie de worsteling in zijn gezicht. Hij schaamt zich er duidelijk voor om mij dit te vertellen. Maar hij wil zijn best doen om het mij uit te leggen. Ik krijg tranen in mijn ogen. Ik houd zoveel van deze man en ik zie hoeveel pijn het hem doet om dit met me te delen. Ik begrijp niet de volle omvang van wat hij me vertelt. Maar dat het ernstig en redelijk uit-zichtloos is dringt wel tot me door.

'Dus telkens als jij de afgelopen maanden wegdook na een fijne periode met mij gebeurde dit?' vraag ik voorzichtig.

Ik schaam me voor mijn overtuiging dat hij dan altijd aan de zwier was met andere vrouwen.

'Vaak wel, ja. Weet je nog die keer dat ik ging wintersporten destijds, toen ik jou net kende? Ik was toen zo gelukkig met jou, ik wilde dat het altijd zo door zou kunnen gaan. Ik voelde liefde voor jou toen we afscheid namen. En die liefde maakte me bang. Het maakt me kwetsbaar. En wat ik dan doe is zo snel mogelijk een andere vrouw versieren. Zodat ik me weer vrij voel. Dat is mijn remedie. Ik weet dat ik vrou-wen daarmee slecht behandel, dat ik jou slecht behandel en pijn doe. Maar blijkbaar kan ik niet anders.'

Ik weet niet goed wat ik met de situatie aan moet. Deze man kan liefde en pijn niet uit elkaar houden, veroorzaakt door zijn gekke, gewelddadige moeder, dat is me wel duidelijk.

Een uur geleden was ik totaal gelukkig. En nu lijkt alles uitzichtloos. Alec ziet er ineens uit als de man van vijftig die hij ook is. Mijn stoere knappe zeerover is veranderd in een vermoeide oude man.

'Ik denk dat ik het begrijp, Alec. Maar het betekent dus dat wij geen toekomst hebben samen. Dat is eigenlijk wat je zegt.'

Dat is inderdaad wat hij probeerde te zeggen.

'En nu?' wil ik weten.

'Nu ga jij lekker naar huis. Laat je mij een paar weken met rust. En hebben we het er nog wel een keertje over, oké? Ik wil er nu niet meer over verder praten. Je wilt toch graag dat ik meega naar die bruiloft van jouw vriendin eind van de maand? Ik beloof je dat ik er dan ben. We spreken elkaar voor die tijd nog wel. Ik houd van jou, Maud. Dankjewel voor een heerlijke week.'

Hij geeft me een zoen, stapt uit de auto en kijkt niet meer om als hij zijn huis in loopt.

Ik rijd naar huis met een loodzwaar hart.

Alec zou om tien uur bij me zijn, maar ik zit nog bij de kapper om mijn haar op te laten steken voor de bruiloft vanmiddag. Ik maak me er niet druk over, want ik houd er eigenlijk al rekening mee dat hij niet op komt dagen. Hij heeft me vorig jaar al eens laten zitten op een andere bruiloft. Ik stond daar al voor de deur te wachten toen hij belde dat hij toch niet kwam. Ik herinner me nu dat hij toen net zo van slag klonk als tijdens ons laatste gesprek in de auto een paar weken geleden.

Als ik thuiskom zit hij in de tuin op me te wachten. Hij ziet er geweldig uit, als de rockster die hij was toen ik hem leerde kennen. Zijn scherp gesneden Italiaanse pak met krijtstreepje staat hem fantastisch. Het lijkt wel alsof hij wist hoe mijn Moschino-jurkje eruit zou zien, we zijn een perfect paar zo. Zijn krullen zijn korter dan normaal en dat maakt hem jonger. Hij heeft een snelle zonnebril op en lacht me stralend toe. Ik val weer als een blok voor hem.

'Ik heb je vreselijk gemist,' zegt hij als hij me vastpakt en mijn net geföhnde haar plet.

'Wat ben je mooi, lieverd. Zullen we lekker bij jou in bed blijven in plaats van naar die stomme bruiloft te gaan?'

Ik overhandig hem de sleutel van mijn Range Rover en zeg: 'Jij mag rijden.'

Het lijkt alsof er geen moeilijk gesprek geweest is een paar weken geleden. De stemming is vrolijk. We zingen de hele weg hard mee met de radio en lachen om elkaars flauwe grappen. Bij elke open brug in Friesland laten we door andere wachtende automobilisten foto's van onszelf maken. We maken rare poses voor de auto en dansen op de snelweg. Het geluk spat van ons af. We komen te laat aan bij het landgoed, de ceremonie is al begonnen, dus we sluipen stilletjes de prachtig aangeklede feesttent in. Op de achterste rij zijn nog twee plekjes vrij. Het is een traditionele bruiloft met veel mooie toespraken. Ik luister ademloos naar de verhalen die de vader van de bruid en andere sprekers voordragen. Af en toe kijk ik even naar Alec. Ik ben trots op hem, trots om hier samen met hem te zijn. Ik zie dat hij ook weg lijkt te dromen bij de speeches. Hij kijkt serieus en bij sommige zinnen zie ik een denkrimpel in zijn voorhoofd komen. De bruid en de gom hebben hun eigen trouwgeloftes geschreven. Ze zijn allebei journalist, dus het zijn prachtige teksten geworden over trouw en er de rest van je leven voor elkaar zijn. Het ontroert me. Ik kijk naar Alec en zie tot mijn verrassing dat er een traan over zijn wang rolt. Huilt mijn stoere zeerover op een bruiloft van mensen die hij niet kent?

Ik probeer zijn blik te vangen, maar hij kijkt star voor zich uit. Als de ringen zijn uitgewisseld buitelen gospelzangers en -zangeressen zingend de tent in. Alec staat op, pakt mijn hand en zegt: 'Kom, ik moet weg hier.'

Ik loop niet-begrijpend achter hem aan. Kan hem bijna niet bijhouden op mijn pumps in het weiland waar de auto staat. Hij scheurt weg, we laten een flink modderspoor achter met de brede banden van de Range Rover.

'Wat is er aan de hand? Waar gaan we naartoe?'

Ik krijg geen contact met hem. Hij scheurt als een rallyrijder over de smalle landweggetjes.

'Jezus, Alec, praat met me! Wat is er aan de hand?' schreeuw ik.

Hij reageert niet en duikt een bospaadje in. Hij rijdt zover door als de auto kan komen.

Goddank hebben we vierwielaandrijving, anders komen we hier nooit meer weg, bedenk ik nog.

Hij stapt uit de auto, trekt mijn deur open en sleurt me naar buiten. 'Doe eens rustig, joh. Wat doe je allemaal?' Ik begin in paniek te raken. Wat is er in vredesnaam met die man aan de hand? Hij trekt me de struiken in. Mijn panty scheurt. Ik verlies een van mijn pumps. Hij lijkt het allemaal niet te merken als hij onverstoorbaar voor me uit loopt en me meetrekt. We komen op een open plekje met gras, omzoomd door bramenstruiken en wilde varens.

'Op je knieën,' commandeert hij me.

'Nee, Alec, ik ga niet op mijn knieën. Praat met me. Wat is er met je?'

Voor het eerst kan ik hem in zijn ogen kijken. Ik schrik.

147

Hij lijkt me niet te zien. Hij heeft een rare afwezige blik, een vreemde harde blik die ik niet van hem ken. Zijn gezicht is helemaal vertrokken.

'Op je knieën, hoer,' schreeuwt hij naar me terwijl hij met veel kracht op mijn schouders drukt.

Ik doe wat hij zegt. Ik ben bang. Ik ken deze man niet.

'Je doet me pijn, Alec,' huil ik.

Hij maakt zijn gulp open en ramt zijn pik in mijn mond.

'Houd je bek, ik bepaal hier wat er gebeurt,' commandeert hij. Snikkend doe ik wat hij me opdraagt. Ik kan geen kant op. Hij houdt mijn hoofd stevig vast terwijl hij zijn pik tot achter in mijn keel duwt. Ik kan bijna geen adem krijgen en huil. Ik voel snot en tranen over mijn kin lopen. Hij trekt hard aan mijn haar. Het gaat minutenlang zo door. Tot ik ineens iets hoor. Geblaf. Ja, het is geblaf. Er komt een labrador op ons afrennen. Vrolijk zoals alleen deze domme hondensoort dat kan. Alec trapt naar hem.

'Ga weg, beest,' schreeuwt hij.

De vrouw die bij de hond hoort komt aanlopen en kijkt ons geschrokken aan. Ze zegt niets, pakt haar hond bij de halsband en maakt zich uit de voeten. Alec laat mijn hoofd los en kijkt verward om zich heen. Zonder iets te zeggen loopt hij weg. Ik sta op en kijk naar mijn bloedende knieën. De bramenstruiken hebben diepe krassen achtergelaten. Ik strompel terug naar de auto. Met nog steeds één pump aan mijn voeten.

Ik moet die andere pump vinden, schiet door me heen.

Het verliezen van mijn schoen lijkt ineens het ergste wat me is overkomen die middag. Gelukkig zie ik hem al snel liggen. Ik loop terug naar de auto, maar Alec heeft de sleutel. Mijn tas met telefoon ligt in de auto. Ik kan hier nu dus helemaal niks. Ik besluit maar te wachten. Ik ga hier niet weg, dicht bij de auto blijven geeft een vreemd gevoel van veiligheid. Later bedenk ik dat hier wachten zinloos is. Ik ben best een stukje in het bos, er komt hier niemand langs. Ik kan hier wel een week wachten, dit schiet niet op. Ik besluit terug te lopen naar het weggetje waar we het bos in reden. Ik kan me niet herinneren dat ik op weg hiernaartoe ergens in de omgeving huizen zag.

'Klote-Friesland,' scheld ik hardop. 'Godvergeten verlaten kloteoord hier,' vloek ik verder.

Het vloeken lucht op. Eindelijk voel ik weer iets. Woede. Ik voel woede. Bij de weg aangekomen zie ik Alec in de berm zitten. Hij heeft zijn jasje uitgetrokken. Zijn overhemd is gescheurd. Hij zit helemaal ineengedoken en rilt. Ik loop voorzichtig naar hem toe.

'Alec?' zeg ik zachtjes als ik voor hem sta.

Hij hoort me niet. Ik raak voorzichtig zijn krullen aan.

'Nee, nee, niet schoppen,' schreeuwt hij naar me.

Ik kijk in zijn ogen. Ik zie de angst die ik vorig jaar zag toen ik hem in de auto aanraakte tijdens zijn slaap. Doodsangst. Het ziet eruit als doodsangst.

'Geef mij de autosleutel, Alec,' zeg ik kalmer dan ik me voel.

Hij doet wat ik zeg. Ik loop terug naar de auto en bel 112. Ik wacht bij Alec op de politie. Hij blijft ineengedoken zitten en lijkt niet meer te merken dat ik er ook ben. Hij trilt nog altijd als een rietje. Zijn krullen hangen in natte slierten om zijn hoofd, druipend van het zweet. Ik zie nu dat zijn overhemd ook helemaal nat is. Als de politie arriveert kijkt hij verdwaasd op. Zonder morren laat hij zich op de achterbank van de politieauto zetten. Ik rijd achter de agenten aan naar het bureau. 'Nee, ik wil geen aangifte doen,' zeg ik nadat ik mijn verhaal heb gedaan. 'Ik wil alleen maar begrijpen wat er is gebeurd.'

Alec zit in een cel en is nog niet aanspreekbaar. Ik besluit Marco te bellen. Zijn beste vriend, die weet misschien raad.

'Hé, groot blond beest, hoe is het ermee?' roept hij vrolijk door de telefoon.

'Het is niet goed, Marco. Ik ben hier met Alec op het politiebureau in Friesland.'

'Whahahaha, wat heeft die ouwe zeerover nu weer uitgevreten? Moet ik borg komen betalen?' lacht Marco.

'Je moet wel direct hiernaartoe komen, Marco. Ik meen het serieus. Het gaat helemaal niet goed met je vriend. Ik wacht hier op jou. Kun je direct komen?'

Anderhalf uur later rent hij met een bezorgd gezicht het politiebureau binnen. Ik stort me huilend in zijn armen en probeer zo kort en feitelijk mogelijk te vertellen wat er is gebeurd.

'Waar is hij nu?' wil Marco weten.

'Hij zit in de cel, maar hij mag gewoon weg, hoor. Hij zit daar alleen om even tot rust te komen.'

Marco laat zich ernaartoe brengen en blijft zeker een halfuur weg. Ik loop nagelbijtend rondjes. Mijn hoofd ploft uit elkaar van de misselijkmakende spanningshoofdpijn. Ik ga naar de wc en schrik van mijn spiegelbeeld. Mijn mascara zit op mijn kin en ik lijk op een vogelschrik. De prachtige losse knot die de kapper vanochtend met veel zorg en tientallen speldjes op mijn hoofd boetseerde lijkt nog het meest op een ontplofte hooiberg. Ik haal een voor een de speldjes eruit. Het rotwerkje geeft wat rust. Ik vis een elastiekje uit mijn tas, doe mijn haar in een staartje en poets de mascara zo goed en zo kwaad als het gaat van mijn gezicht. Marco komt met Alec de hal van het politiebureau in lopen.

'Ik breng hem naar huis en bel je vanavond, Maud. Maak je geen zorgen. Kom jij veilig thuis?'

Ja, ik kom veilig thuis, verzeker ik hem. Alec kijkt me niet meer aan.

Autorijden brengt me tot rust. Tegen de tijd dat ik mijn huis in loop ben ik kalm. Ik sta een halfuur onder de hete douche en ga in bed liggen. Het lijkt dagen te duren voordat eindelijk de telefoon gaat.

'Ik vind het zo erg voor je, Maud,' zegt Marco. 'Het is lang geleden dat Alec zo zwaar in een psychose raakte. Wist je dat hij psychoses heeft? En dat hij daar medicijnen voor slikt?'

Ik krijg geen adem. Ik probeer te slikken, maar het lukt niet.

'Ben je er nog?' vraagt Marco.

Hij hoort me alleen maar snikken. Ik kan geen woord uitbrengen.

'Zal ik naar je toe komen?' vraagt hij.

'Nee, blijf maar bij Alec, die heeft jou harder nodig,' fluister ik door mijn tranen heen.

'Alec is alleen thuis nu. Ik heb hem daar achtergelaten. Laat hem maar een paar dagen. Hij weet wat er gebeurd is. Hij belt je als hij daaraan toe is.'

Alec belt niet, maar stuurt me een lange mail waarin hij

uitlegt wat er gebeurde in zijn hoofd. Het is eigenlijk het vervolg van het gesprek dat we na onze laatste zeiltocht in de auto hadden. Toen probeerde hij me al uit te leggen dat liefde hem in gevaar kan brengen. Ik begreep het toen niet goed. Hij verklaart het nu in termen die ik snap. Door de mishandelingen door zijn moeder is hij liefde en pijn en onveiligheid met elkaar gaan verwarren. Zijn slechte huwelijk met een vrouw die qua gedrag en hardheid op zijn moeder leek heeft dat nog erger gemaakt. Hij is daardoor geestelijk in de war geraakt. Een persoonlijkheidsstoornis waar volgens de psychiaters die hij ervoor bezocht niks aan te doen is. Zolang hij maar gewoon leeft als een losbol is er niets aan de hand. Veel meisjes versieren en nooit een serieuze relatie aanknopen is voor hem de enige manier om zich staande te houden. Maar zodra hij liefde gaat voelen, echte diepe liefde, komt hij in gevaar. In het ergste geval raakt hij in een psychose. En dat is wat er gebeurde tijdens de bruiloft.

'Liefde werkt voor mij als een vergif, lieve Maud. Vergelijk het met een ernstige allergische reactie, zoals je van een bijensteek dood kunt gaan. *Too much love can kill me*. En ik kan er andere mensen door in gevaar brengen. Ik heb jou ermee in gevaar gebracht. En daar zal ik de rest van mijn leven spijt van hebben. We kunnen elkaar nooit meer zien. Ik hoop dat je dat begrijpt. Ik had het liever anders gewild, lieverd. Ik heb lang gedacht dat ik het met jou wel zou kunnen. En daarom heb ik eigenlijk veel te lang vastgehouden en de alarmbellen in mijn hoofd genegeerd. Ik zal je nooit vergeten. Mijn oprechte excuses voor wat er in Friesland is gebeurd. Ik hoop dat je me vergeeft. Met al mijn liefde. Alec.'

12 Ingevlogen

Om Alec te vergeten kies ik voor de overlevingsstrategie die ik eerder toepaste. Mondhoeken omhoog en me vol in het avontuur en het nachtleven storten. Op een feestje ontmoet ik Viola, een vrouw die net als ik sinds een tijdje vrijgezel is en duidelijk van het leven geniet. We wisselen ervaringen uit over feesten en daten en hebben direct een klik. We worden Facebook-vrienden en houden contact. Na een tijdje stuurt ze me een berichtje, of ik zin heb om een paar dagen met haar naar Ibiza te gaan. Ik zit in de fase van mijn leven dat ik elke zin die begint met 'Heb jij zin om' standaard beantwoord met 'Ja, ik kan!' Die levenshouding heeft me al op bijzondere plekken en in de wildste situaties gebracht. Dus boek ik een ticket naar Ibiza.

Op Schiphol aangekomen bel ik Viola om uit te vinden waar zij is. Ik hoor de vrouw naast me haar telefoon opnemen. Viola stond dus al naast me, maar we herkenden elkaar niet, zo oppervlakkig was ons contact tot nu toe. Het maakt de reis voor mij extra leuk. Ik ben tegenwoordig een spons als het gaat om nieuwe mensen leren kennen. Ik ben nieuwsgierig naar de ervaringen en wijsheden van mensen die ik spontaan tegen het lijf loop. Terwijl we wachten op ons vliegtuig zegt Viola dat ze zaterdagavond een feestje heeft op Ibiza. Vrienden van haar doen mee aan de Quote Challenge.

Dat is een soort autorally – geïnspireerd op de Amerikaanse Cannonball Run – waarbij veel te rijke mannen met veel te dure sportauto's, die voor de gelegenheid zijn overgespoten in camouflage- of juist heel felle kleuren, door Europa scheuren. Het is de sport om zoveel mogelijk verkeersovertredingen te maken. De hoogste verkeersboetes worden uitbundig gevierd. Overigens verbindt het tijdschrift *Quote* sinds een paar jaar niet meer officieel zijn naam aan dit evenement nadat twee Italiaanse deelnemers dodelijk verongelukten in hun Ferrari. Maar de hoofdredacteur van *Quote* is bij de organisatie betrokken en rijdt zelf mee en de deelnemers komen voor in de *Quote 500*. De finish van de Challenge is dit jaar in Ibiza-stad. Het geeft al direct de waanzin van het evenement aan. Want de dertig Ferrari's, Lamborghini's en Porsches worden overgevaren vanuit Barcelona om de laatste twee kilometer van de rally op Ibiza af te leggen, zodat ze kunnen finishen voor het casino bij de haven. Dat geeft een mooi plaatje en daarna kunnen de mannen nog een paar dagen feesten op het eiland.

'O, leuk,' zeg ik tegen Viola. 'Ik houd wel van auto's, dus ik ga met je mee, hoor, en anders vermaak ik mezelf wel op zaterdag, maak je geen zorgen.'

Ze kijkt opgelucht. In het vliegtuig bespreken we onze avonturen met mannen en de stand van ons liefdesleven. Ze laat haar stem zakken naar een geheimzinnig volume en vertrouwt me toe dat ze sinds een tijdje een affaire heeft met een getrouwde zakenman. Hij doet mee aan de Quote Challenge. Omdat ze in dezelfde stad wonen en hun vriendenkringen elkaar raken, moeten ze extreem voorzichtig zijn tijdens hun ontmoetingen. Deze selfmade miljonair is in gemeenschap van goederen getrouwd met zijn jeugdliefde met wie hij twee kinderen heeft. Weggaan is dus geen optie voor hem, want een scheiding is te duur. Viola weet dat ze geen toekomst met hem heeft, maar is duidelijk erg van slag door deze man. Hij heeft het plan bedacht om haar naar Ibiza te laten komen voor de finish van de Challenge, dan kunnen ze eindelijk een paar nachtjes samen doorbrengen. Zijn vrouw snapt wel dat ze daar niks te zoeken heeft, het is een mannen-onder-elkaarevenement.

'Neem maar een leuke vriendin mee en ga een paar dagen eerder naar Ibiza om nog even van het strand te genieten,' had Willem Viola opgedragen.

Aha, nu begreep ik de spontane uitnodiging. Ze kon uiteraard niet iemand meenemen uit haar vriendenkring, want dan kwam haar grote geheim uit. En ze had mij ingeschat als iemand die wel hield van strand en feesten. Ik besluit me er verder niet druk over te maken. Misschien ben ik er een beetje in geluisd, maar het voelt als een prima avontuur en een mooie aanleiding om eens op Ibiza rond te kijken. Want het kan toch niet waar zijn dat ik daar nog nooit ben geweest!

Als we de volgende dag met een cocktail in de hand bij de Blue Marlin aan het water liggen, laat ze me enthousiast haar telefoon zien. 'Goedgekeurd!!!!' staat er op haar schermpje.

Goedgekeurd? Ik kijk haar niet-begrijpend aan. Ja, ze had Willem over mij verteld toen hij vroeg of ze het leuk had op Ibiza. Willem was nieuwsgierig geworden naar haar gezelschap, dus ze had een paar van mijn Facebook-foto's naar hem doorgestuurd. En dit was de reactie van hem en zijn copiloot. Aha, fijn om te weten dat ik blijkbaar ben goedgekeurd. Ik vraag Viola om ook even een foto van haar Willem te laten zien, maar dat blijkt allemaal heel ingewikkeld. Ze kan niet op zijn Facebook-profiel, want ze zijn geen vrienden meer nadat zijn vrouw vragen ging stellen. En nee, ze heeft ook geen foto's van hen samen op haar telefoon staan. Want discretie voor alles in deze affaire. Willem is blijkbaar wel behendig met het sms'en tijdens het rallyrijden, want Viola zit de hele dag met het schermpje van haar telefoon voor haar neus. Het doet niets af aan mijn fijne dag. Ik geniet van de zon en de mooie mensen om me heen.

Aan het eind van de dag wordt de dj-*booth* van de Blue Marlin in gebruik genomen en langzamerhand ontstaat een geweldig strandfeest. Ik loop tegen een leuke Nederlandse vrouw aan die net als ik in de mediawereld blijkt te werken, waardoor we veel dezelfde mensen kennen. Zij is daar met haar salesteam om te vieren dat ze hun target hebben gehaald en ze nodigt me uit om de rest van de avond mee te feesten als haar gast. Ik val met mijn neus in de vipboter en heb een fantastische avond terwijl Viola whatsappt met Willem.

De volgende dag gaan we shoppen, want Willem heeft Viola ge-sms't: 'Koop maar wat moois, lekkertje, ik wil dat je er lekker geil uitziet als je aan de finish staat.'

Zo'n opmerking zou voor mij reden zijn om direct naar huis te vliegen, maar Viola is door het dolle heen. Shoppen op kosten van haar Quote-man. Dit blijkt de tweede reden dat ze me meevroeg. Ze woont in een Brabantse stad en is gefascineerd door mijn Gooise levensstijl. Ze vraagt me of ik haar wil helpen vandaag een Gooise vrouw te worden.

Welke jurkjes, tassen en hakken horen daarbij? Ze wil Willem helemaal gek maken als hij straks aan komt scheuren bij het casino en elke herinnering aan de Brabantse moeke die hij thuis heeft zitten doen vergeten. We gaan de stad in en scoren het perfecte jurkje voor Viola. De karamelkleur staat prachtig bij haar lange mahoniekleurige haar. De twaalf centimeter hoge hakken in dezelfde kleur maken het af. Ik ben zo enthousiast over het jurkje dat ik er zelf ook een koop, maar dan in chocoladekleur, dat matcht mooier met mijn blonde haar. We gaan nog even helemaal los in de tassenwinkel. Viola is in shock als ik twee beeldige tasjes koop van driehonderd euro per stuk. Ze whatsappt het naar Willem, die haar direct beveelt een vergelijkbaar bedrag uit te geven in de tassenwinkel.

Die zaterdagmiddag staan we in matching jurkjes voor het casino te wachten op de Quote-coureurs. We horen het motorgeluid van al het Italiaanse en Duitse blik al over het water van de haven klinken. Mijn automeisjeshart bloeit op, ik geef het eerlijk toe. De sfeer is direct uitgelaten als de eerste deelnemers hun gehavende vierwielers voor het casino parkeren. Als er een zilverkleurige Porsche nadert gilt Viola: 'Daar is Willem!'

Ik strek mijn nek, want ik ben inmiddels toch wel erg nieuwsgierig naar haar lover. De teleurstelling kan niet groter zijn. Er stapt een soort vrachtwagenchauffeur uit met een rood pokdalig gezicht, een lomp lijf en dun rossig haar. Wat ziet de bloedmooie Viola in vredesnaam in deze Brabantse boer, die ik nauwelijks kan verstaan? Zijn copiloot Sjaak stuitert enthousiast op mij af.

'Hoi, Maud! Wat heb ik me erop verheugd om jou te ontmoeten!'

Ik kijk omlaag naar het twintig centimeter kleinere mannetje dat voor mij heen en weer springt. Ik buk me om hem beleefd drie zoenen te geven. Ik moet toegeven dat dit exemplaar veel knapper is dan de vlam van Viola, maar hij komt ongeveer tot aan mijn heup. We lopen naar het dak van het casino waar we een geweldig uitzicht hebben over Ibiza-stad terwijl de champagne rijkelijk vloeit. Naast bezwete, vermoeide coureurs wemelt het er ineens van de mooie, prachtig geklede vrouwen. Waar komen die allemaal vandaan? De mannen hebben er al anderhalve week samen op zitten, dus de sfeer is vriendschappelijk en vertrouwelijk. Ze komen nieuwsgierig naar elkaars vrouwen kijken. Het voelt als een vleeskeuring. Langzamerhand wordt me wel duidelijk dat er geen wettelijke echtgenotes tussen zitten. Iedereen heeft zijn maîtresse of ingehuurde dame in laten vliegen. Ik kijk naar Viola en realiseer me dat wij er – met onze matching jurkjes – ook uitzien als ingehuurde dames.

Lachend ga ik op een bankje zitten. Waar ben ik in vredesnaam in terechtgekomen? En hoe is het mogelijk dat ik zo naïef was dat ik me nu pas realiseer wat de bedoeling van dit tripje was? Kleine Sjaak komt naast me zitten en legt zijn hand op mijn knie.

'Heb je het naar je zin?'

Ik wil zijn hand niet op mijn knie. Deze man denkt toch hopelijk niet dat ik onderdeel van het entertainment ben? Ik zie dat Willem de hoofdredacteur van *Quote* aan zijn jasje trekt.

'Deze dames gaan vanavond met ons mee naar het avond-
programma,' zegt hij.

Hij trekt een biljet van duizend euro uit zijn portemonnee
en overhandigt het aan de organisator. O nee, er is nu vijf-
honderd euro betaald voor mijn aanwezigheid vanavond...

Willem en Viola trekken zich terug om 'zich even op te
frissen' in het vijfsterrenhotel dat bij het casino hoort terwijl kleine Sjaak mij vermaakt met zijn levensverhaal. Het
is belangrijk dat ik me realiseer dat hij rijker en succesvol-
ler is dan Willem. Aha, fijn dat ik het weet. Na een halfuur weet ik ook alles over zijn liefdeloze huwelijk. Hij zegt
dat hij zich ook nog op moet frissen voor het avondpro-
gramma. Hij deelt een hotelkamer met Willem. Of ik zin
heb om mee te gaan, dan doen we daar nog een drankje. Ik
moet de kamer echt even zien, want het is een spectaculair
luxehotel. Hij weet zeker dat ik mijn ogen uit ga kijken. Ik
sputter tegen, maar het alternatief van achterblijven bij de
andere – inmiddels aangeschoten – Quote-mannen op het
casinodak trekt me ook niet zo. Terwijl ik met Sjaak mee-
loop bel ik Viola. Dat we onderweg zijn naar de hotelkamer
en of zij wel kleren aanhebben. Ze lacht mijn serieus bedoelde opmerking weg. Veel eerder dan ik dacht zijn we bij
de kamer en maakt Sjaak de deur open. Ik zie Viola en haar
Brabantse vrachtwagenchauffeur in volle actie bezig op het
grote bed. Verschrikt trekken ze goddank de lakens over
zich heen terwijl ik snel het balkon op loop. Sjaak heeft dan
zijn kleren ook al uit om in de jacuzzi te springen die midden in de hotelkamer staat. Ik besluit maar te lachen om de
idiote situatie waarin ik terechtgekomen ben en wacht rus-

tig op het balkon tot iedereen weer aangekleed is.

We reizen met een luxe busje af naar KM5, een restaurant dat een stukje verder het binnenland in ligt. Ik word samen met Viola, Willem en Sjaak aan een grote ronde tafel geplaatst met een stuk of acht andere deelnemers en hun ingevlogen vrouwen. Ik probeer te converseren met de andere tafelgenoten, maar dat blijkt helemaal niet de bedoeling. Ik vertel dat ik schrijver ben. Ze kijken me aan alsof ze water zien branden. De vrouwen hier aan tafel zijn behang, bedoeld om naar te kijken. Die hebben niet genoeg tekst om een boek te schrijven, dat past niet in het plaatje. Later in de vipbooth van de Pacha kijk ik verlangend naar beneden, naar de grote dansvloer waar mensen het wel leuk hebben. Ik spot de vrolijke groep waarmee ik eerder in de Blue Marlin ben geweest en glip naar beneden. Ik word als een verloren oorlogsheld binnengehaald door mijn maatjes uit de mediawereld en heb een geweldige avond met ze. Daar kan geen miljonair tegenop. Uren later sluip ik terug de vipruimte in, niemand heeft me gemist. Viola komt naar me toe. 'Even over vannacht, ik blijf dus bij Willem in het casinohotel slapen,' zegt ze.

Wij deelden tot nu toe een hotelkamer in een ander hotel.

Viola draalt nog een beetje. Want ja, kleine Sjaak moet vannacht dus ook nog een slaapplekje hebben. Ik doe alsof mijn neus bloedt en besluit dat het niet mijn probleem is. Sjaak is stellig, hij gaat nergens heen. Willem regelt maar een ander liefdesnestje voor zichzelf en Viola. Het casinohotel blijkt vol te zitten, dus morrend kruipen Willem en Viola bij mij in de taxi. In ons hotel is nog wel een kamertje voor ze vrij. De volgende ochtend aan het ontbijt fluistert Viola opgewonden dat Willem haar duizend euro heeft gegeven voor de kleding die ze gisteren kocht. Omdat ze er zo geweldig uitzag aan de finish. Ze gaat zo met haar lover terug naar het casinohotel waar een privébinnentuin met zwembad is. Daar blijven ze de rest van de dag. Als ik zin heb ben ik ook welkom. Ik moet er niet aan denken om nog een dag naar hun pure geluk te moeten kijken en kleine Sjaak om me heen te hebben, dus bedank vriendelijk. Ik ga lekker de stad in en slenter naar de jachthaven.

13 Trofee

Nog steeds word ik zo blij van jachthavens. Geef me zee-
lucht in mijn neus en klapperende lijnen in mijn oren en ik
ben gelukkig. Ik had vanaf het strand verlangend gekeken
naar de zeilboten die voorbij Ibiza voeren. In de haven sla
ik het straatje met de opzichtige superjachten over en wandel naar de steiger met de zeilboten. Het water loopt me in
de mond. Het is een prachtige haven, waar een overnachting
vierhonderd euro liggeld kost. Ik val stil bij een adembe-
nemend zeiljacht. Ik heb nog nooit zoiets gezien. Het heeft
de vorm van een roofdier, klaar om aan te vallen. De romp,
grote delen van de kajuit en de kuip zijn helemaal matzwart.
Alles wat bij veel zeilboten wit is, is bij deze boot zwart. Alle
lijnen, fenders en andere accessoires, zelfs de twee roeren,
de reling, de mast en de giek zijn matzwart. De mast lijkt
wel van carbon gemaakt. Het dek is bekleed met teakhout,
eigenlijk het enige wat aan een gewoon zeiljacht doet denken. Maar verder is het een soort drijvende straaljager. Ik
kan mijn ogen er niet van afhouden. Het heeft iets angstaan-
jagends door de agressieve vormgeving en kleur. Maar het is
de geilste boot die ik ooit zag. PROWLER staat er met strak-
ke zilveren letters op de achtersteven. Dan pas zie ik dat er
een Nederlandse vlag op wappert. Hoe is het mogelijk? Deze
zeilboot is van een Nederlander?

'Zoek je iemand?' hoor ik ineens.

Een man komt over het dek naar me toe lopen.

'Nee hoor, ik kijk alleen maar even,' antwoord ik betrapt.

'Met welke boot ben jij hier?' wil hij weten.

'Ik ben de haven in gelopen uit nieuwsgierigheid. Het hek bij de steiger stond open. Ik ben hier niet met een boot. Was het maar waar. Het lijkt me heerlijk om hier te zeilen. Ik ben onder de indruk van jouw boot. Ik heb nog nooit zoiets gezien. Zeil je er wedstrijden mee?'

De man stelt zich voor als Oscar en vraagt of ik het leuk vind om zijn schip beter te bekijken. Blij stap ik aan boord. Weer even dat dobberen voelen, wat heb ik dat gemist.

'Dit is een Zeydon z60,' zegt hij trots. 'Helemaal ontworpen door BMW-design. Een peperdure boot die ik voor een prikkie in bezit kon krijgen van een klant van me die failliet ging.' Hij grijnst er triomfantelijk bij. Op een manier die me een vreemd gevoel bezorgt in mijn nek en schouderbladen. Die deal is voor de tegenpartij vast niet pijnloos verlopen.

'Ik heb toen meteen de naam laten veranderen. Hij heet nu de "Prowler", dat vond ik wel toepasselijk.' Ik glimlach beleefd naar Oscar die zelf onaangenaam hard moet lachen om deze geweldige vondst.

Hij vertelt dat dit zijn eerste tocht is met dit schip. Hij is sinds een week hier op de Balearen aan het varen om aan zijn jacht te wennen. Hij heeft het een paar maanden geleden vanuit Singapore naar de bouwer in België laten varen om het aan te laten passen voor een grote zeilreis, want hij gaat met dit schip op wereldreis.

Hij klautert voor me uit via het trapje de kajuit in en zegt: 'Kom even binnen kijken.'

Ik ben verbijsterd. Ook vanbinnen lijkt het jacht totaal niet op een zeilschip. Niet eens op een boot. Eerder op een heel strak vormgegeven minimalistisch appartement. De kleuren zijn licht, heel veel wit en matgrijs. De vloer en de tafel zijn wel van hout gemaakt, maar in een heel lichte kleur. Essen, gok ik, niet dat goudbruine dat je meestal op boten ziet. De kombuis is niet knus maar loeistrak, bijna als een professionele keuken. Oscar ziet mijn verwarring tevreden aan.

'Mooi hè? Ook allemaal BMW-design. Niet van dat kneuterige.'

Terwijl hij behendig het espressoapparaat bedient – ik ben nog nooit op een boot geweest met een espressoapparaat – vraag ik nieuwsgierig door naar zijn drijfveren voor de aanstaande wereldreis.

In de kuip, aan de koffie, vertelt Oscar over zijn stukgelopen huwelijk. Hij heeft vijftien jaar in Singapore gewoond en daar een aantal ICT-bedrijven opgezet. Hij is nu in de laatste fase van de verkoop van deze bedrijven, want hij wil niet meer in Singapore blijven. Zijn ex-vrouw is met hun jonge kinderen teruggegaan naar Australië waar ze vandaan komt. Hij wil een jaar gaan zeilen om te bedenken wat hij met de rest van zijn leven wil gaan doen. Na deze testvaart op de Middellandse Zee, die een paar weken duurt, gaat hij terug naar Singapore om alles af te ronden. In het najaar wil hij vertrekken op wereldreis. Zijn eerste reisdoel is het Caribische gebied en daarna ziet hij dan wel verder. Ik slurp zijn verhalen op. Zo herkenbaar, en wat een heerlijk verhaal!

Ik vertel Oscar over mijn zeilreis in de Caraïben en dat ik daar nu ook nog had gezeild als er geen dingen tussen gekomen waren. Hij hoort mij geïnteresseerd aan en is verrast dat ik een zeilliefhebber blijk te zijn. Hij vraagt naar mijn toekomstplannen en hoe mijn leven er nu uitziet. En of ik nog steeds zo'n lange zeilreis zou willen maken.

Op dat moment stapt er een vrouw aan boord, samen met een jongen en een meisje van rond de zeventien jaar. Ze dragen volle, zware tassen met boodschappen. Oscar helpt ze niet bij het aan boord komen, valt me op. De vrouw blijkt de zus van Oscar te zijn, die met haar kinderen zijn gast is. Oscar stelt me aan ze voor en vertelt dat ik ook een zeilliefhebber ben. De jongen en het meisje kunnen goed zeilen en zijn dol op hun oom.

'O, cool! Heb je zin om vandaag met ons mee te varen?' vraagt het spontane blonde meisje.

Ik kan mijn opwinding over dit voorstel niet verbergen.

'Dat mag toch wel, oom Oscar?' vraagt Claudia.

Oscar vindt het een prima plan, maar zegt dat ze wel naar een andere jachthaven op Ibiza varen, zo'n twintig mijl verderop. Ze komen dus niet meer terug in Ibiza-stad. Hij vraagt hoelang ik nog op het eiland blijf.

'Over drie nachtjes vlieg ik terug. Maar ik ben hier met een vriendin die erg druk is met haar vriendje en mij dus niet zal missen.'

Oscar stelt voor om mijn spullen op te halen in het hotel en tot het eind van mijn verblijf hier aan boord te blijven. Na de derde nacht zet hij mij op een taxi naar het vliegveld, zodat ik weer bij Viola aan kan sluiten voor de reis terug naar Nederland. Ik hoef er niet over na te denken en zit tien minuten later al in de taxi naar mijn hotel om samen met Claudia mijn spullen op te halen.

Terug in de jachthaven kunnen we direct vertrekken. Oscar en zijn neefje Roy hebben de boot al zeilklaar gemaakt. Ook de zeilen op deze boot lijken in niets op wat ik gewend ben. Ze zien er eerder uit als vliegtuigvleugels, niet gemaakt van zeildoek maar van een soort hightech kunststof materiaal.

We zeilen de haven uit en ik kan mijn geluk niet op. De blauwe zee lacht ons toe, er staat acht knopen wind en rustig zeilen we een stuk rondom Ibiza.

Uren tuur ik vanaf het dek naar de kustlijn. Wow, wat is het hier prachtig. Zo jammer dat dit eiland vooral mensen trekt die er komen feesten en nooit zullen zien hoe schitterend de natuur is. Aan het einde van de middag lopen we de haven van Santa Eulalia binnen. Een klein plaatsje vol gezellige bars en een mooie boulevard. We hebben er een fijne avond. Claudia en Roy zijn vrolijk gezelschap en Olga, de zus van Oscar, is een erg vriendelijke vrouw. Ze is duidelijk dol op haar broer, die ze veel heeft moeten missen door zijn lange verblijf in het buitenland. Oscar zegt niet veel die avond, zoals hij overdag ook al stil was en zich concentreerde op het zeilen. Zijn gezicht met de staalblauwe ogen is hard, maar je ziet er soms een flard verdriet in. Zakelijk heeft hij veel bereikt, maar dat zijn huwelijk is mislukt en zijn kinderen daardoor aan de andere kant van de wereld wonen zit hem behoorlijk dwars. Dat is me wel duidelijk geworden, zelfs uit de summiere informatie die hij daarover heeft gegeven tijdens ons korte gesprekje vanochtend. Ik kijk af en toe even stiekem naar hem. Hij is niet het type man waar ik op zou vallen, maar hij is zeker niet onaantrekkelijk met zijn dikke, blonde haar en zijn lange, nogal stevige lijf. Er zit een vetrandje te veel aan, maar dat gaat er wel af als hij straks een aantal weken op de oceaan zit. Zeilen is hard werken, elke dag is een work-out.

Rond een uur of twaalf wandelen we onder de palmbomen over de boulevard terug naar de jachthaven. Terug aan boord nestel ik me in de comfortabele tweepersoonshut aan bakboord die me vanochtend al door Olga is aangewezen. Mijn hut zit achter op de boot, onder de kuip. Oscar heeft zo'n zelfde hut aan de stuurboordkant van de boot. Ik heb een badkamertje voor mezelf, het lijkt wel een luxehotel. Ik slaap als een tevreden baby, tot rust geschommeld door de Middellandse Zee.

De volgende dag zeilen we verder langs de oostkant van het eiland, op zoek naar een rustige baai. Rond een uur of vier gaan we voor anker in Cala Mastella, een klein rotsachtig paradijsje. Er liggen maar een paar andere boten in de baai, ver weg van ons. Roy en Claudia springen overboord om te snorkelen en Olga gaat in de kajuit wat rommelen. Het geeft Oscar en mij de tijd om aan dek ons gesprek te vervolgen waar we de ochtend ervoor aan begonnen waren. Ik vraag hem hoe hij ertoe kwam om in Singapore te gaan werken. Hij vertelt uitgebreid over zijn carrière en alle stappen die hij zette om te komen waar hij nu is. Het klinkt niet als een leuk leven; hij heeft zijn vrouw weinig gezien in de jaren dat ze samen waren, soms zelfs maanden aan één stuk niet. En ook zijn kinderen hebben het in hun jonge leven veel zonder hun vader moeten doen. Hij klinkt als een harde zakenman, iets waar hij duidelijk trots op is. Ik vind hem niet veel sympathieker worden tijdens dit gesprek. Hij vraagt weinig over mijn leven, en mijn voormalige carrière als directeur van een groot mediabedrijf vindt hij overduidelijk maar niks. Dat is geen ondernemen, een beetje rommelen met andermans geld telt niet in zijn ogen. Van het boek dat ik schreef is hij ook niet echt onder de indruk. Vrouwen met carrières vindt hij maar onzin, eigenlijk. Echt zakendoen is toch mannenwerk; hij was nog nooit vrouwen tegengekomen die harde besluiten durfden te nemen als het moest, zoals hij wel meerdere keren had gedaan. Ik vertel hem over het boek dat ik eigenlijk had willen schrijven, over mijn zeiltocht met Jarmund. Eindelijk toont hij interesse. Hij wil weten wat ik dan met Jarmund had. Hij kijkt een beetje minachtend als ik zeg dat er alleen een vriendschap per mail was.

'Je kunt beter met mij meegaan,' zegt Oscar. 'Dan weet je tenminste zeker dat je genoeg beleeft voor wel twee boeken.' Hij buldert van het lachen om deze opmerking die blijkbaar voor goede grap moet doorgaan.

Olga heeft ondertussen gekookt en we eten samen aan boord. Oscar schakelt al tijdens het eten van wijn over naar whisky. Net als gisteren valt hij weer stil. Hij is geen man voor smalltalk en het gezinsleven van zijn zus lijkt hem te herinneren aan zijn eigen mislukte huwelijk. De enige keer dat hij meedoet aan de conversatie is wanneer Roy enthousiast vertelt over het zeilkamp waar hij laatst aan meedeed. Ik ben rozig van de wind en de zon en voel mijn ogen dichtvallen, dus zoek ik vroeg mijn hut op.

De volgende ochtend ben ik voor dag en dauw wakker. Ik duik van de boot in het heerlijke water van de baai terwijl iedereen aan boord nog in diepe slaap verkeert. Ik zwem naar het kleine verlaten zandstrandje en voel me op een gelukkige manier alleen op de wereld. De zon brandt al op mijn gezicht. Als ik later in de kuip zit op te drogen komt Olga bij me zitten. 'Jammer dat je morgen al weg moet. Kun je niet nog wat langer blijven? Wij gaan over vier dagen terug naar Nederland, vlieg anders samen met ons terug. Oscar vindt het fijn met jou erbij aan boord.'

Ik kan best langer blijven, waarom niet. Ik stuur Viola een sms'je dat ik niet met haar terugvlieg en boek mijn ticket om. Hiep hoi voor mobiel internet en smartphones. Plannen zijn er om te veranderen.

Oscar lijkt zowaar opgetogen over deze wending als Olga hem tijdens het ontbijt vertelt dat ik met hen mee terugvlieg. Zijn gezicht oogt ineens wat zachter als hij zegt: 'Goed besluit. Je bent welkom.' Daarna trekt hij zich uren terug in zijn hut om te bellen met Singapore. Olga roept hem een paar keer. 'Kom op, Oscar, wij zijn hier nog maar vier dagen, probeer eens een beetje gezellig te doen, dat werk kan wel wachten.'

Na de lunch varen we dan toch eindelijk weg, naar de noordkant van Ibiza, de stilste kant van dit prachtige eiland, ver weg van alle luidruchtige feestvierders. We overnachten weer in een baai. Ik ben al achtenveertig uur niet aan land geweest. Ik kan hieraan wennen. Als ik de volgende ochtend weer in alle vroegte in mijn eentje rond de boot zwem, duikt Oscar ineens naast me op.

'Waarom vaar je niet met me mee naar Portugal, Maud? Als ik Olga en de kinderen heb afgezet in Ibiza-stad vaar ik door naar Portimão. Ik heb een bespreking met zakenvrienden die in Vale do Lobo verblijven. De boot blijft daarna een paar weken in Portimão liggen om er wat dingen aan te laten veranderen. Het is een mooie tocht. Ik heb in Ibiza-stad een *deckhand* klaarstaan die meezeilt tijdens de oversteek naar Spanje, dus je hoeft niks te doen, maar het is leuker als jij ook meegaat.'

'Leuker' is een woord dat Oscar niet vaak gebruikt. Het klinkt ook wat geforceerd uit zijn mond. Hij kijkt me gespannen aan met die koude blauwe ogen van hem. Ik geloof echt dat hij graag wil dat ik langer aan boord blijf. Ik overdenk het aanbod even. Ik heb het ontzettend naar mijn zin. Varen op deze bijzondere boot is weer een heel nieuwe ervaring, mijn hut is buitengewoon comfortabel, daar houd ik het wel even in uit, het zeilen hier is geweldig, het gezelschap is leuk. Maar ja, straks zit ik alleen met Oscar aan boord. Geen idee hoe dat zal zijn.

'Hoelang zijn we dan ongeveer onderweg, Oscar?'

'Ik heb precies over tien dagen die afspraak in Portugal. Je bent welkom om langer te blijven, maar je zou dus over tien dagen terug kunnen vliegen naar Nederland vanaf Portimão. Ik betaal je ticket. Je kunt niet blijven omboeken, dat begrijp ik wel.'

Terug aan boord overleg ik even met Olga. Zij is duidelijk in haar nopjes met het aanbod van Oscar. Sterker nog, ik krijg het gevoel dat het haar idee was. Zij wil haar broer graag gelukkig zien. Ik denk dat ze op hem heeft ingepraat om mij nog een weekje extra aan boord uit te nodigen. Dat voelt wat ongemakkelijk. Ik mag Olga graag, maar Oscar bezorgt me regelmatig toch enigszins koude rillingen. Ik wil Olga geen valse hoop geven als ik ja zeg tegen dit aanbod. Maar aan de andere kant, het is wel weer een mooi avontuur. En ik heb tijd en vrijheid. Ik ben natuurlijk gek als ik nee zeg.

In Ibiza-stad ga ik met Olga op pad om voedsel in te slaan voor de overtocht. Weer steekt Oscar geen vinger uit. Dit is een traditionele man, zoveel is duidelijk. Boodschappen doen is vrouwenwerk.

Als ik Olga, Roy en Claudia uitzwaai blijf ik toch wat nerveus achter. Ik heb na de eerste twee dagen eigenlijk geen gesprek meer met Oscar gehad. Contact maken met hem is geen gemakkelijke opgave. Maar goed, ik ben een loner. Ik heb geen aanspraak nodig om gelukkig te zijn. De ingehuurde zeilhulp, Ibar, spreekt alleen maar Spaans, dus daar heb ik ook niet veel aan. De volgende ochtend vertrekken we al heel vroeg voor de oversteek naar Malaga, een afstand van zo'n driehonderdvijftig zeemijlen. Zodra we de haven van Ibiza uitvaren is me al duidelijk dat dit een heel ander tripje wordt dan onze lome tochtjes van baai tot baai de afgelopen dagen. De felgele, enorme spinaker gaat erop en de Prowler voelt ontketend, als een luipaard die is ontsnapt uit de dierentuin. De wind is niet sterker dan een knoop of twaalf, maar we spuiten over het water. Ik kijk glunderend naar Oscar die aan het roer staat. Het kan mij niet hard en schuin genoeg gaan. Ik hoop op nog meer wind, ik wil weleens voelen wat deze machtige boot allemaal kan. Mijn wens komt eind van de middag uit. De wind trekt aan naar achttien knopen en we moeten redelijk scherp aan de wind varen om op koers te blijven, waardoor we zo schuin gaan dat het water over het gangboord klotst. Nu zeilen werk is geworden, in plaats van een gezellige vrijetijdsbesteding toen zijn familie nog aan boord was, voelt Oscar zich duidelijk meer in zijn element. Er is een doel, dat binnen een bepaalde tijd gehaald moet worden. Dat is meer binnen zijn comfortzone, veel meer dan uren in baaitjes en jachthavens moeten 'socializen'.

Als ik de volgende ochtend uitgerust uit mijn hut stap blijkt dat de mannen de Prowler vannacht meer dan tachtig mijl verder over de zee hebben gejaagd. Oscar zit in een voor mij onbereikbare stand en dat blijft de hele dag zo. Hij kletst met Ibar in het Spaans en ik voel me onzichtbaar. Dat belemmert mij niet om van het laatste stuk van de oversteek te genieten. We racen onafgebroken op hoge snelheid over de zee. Mijn taak blijft beperkt tot de keuken. Telkens als ik een lijn wil pakken of naar een lier toe beweeg grijpt Ibar in. Tot tevredenheid van Oscar, hij zegt het niet, maar ik zie hem denken: zeilen is geen vrouwenwerk.

We varen vroeg in de avond de haven van Malaga al binnen. De volgende ochtend vertrekken we alweer op tijd naar Tarifa, het meest zuidelijke puntje van Spanje, halverwege de straat van Gibraltar.

'Rondom Gibraltar kan het spoken en de stroming is soms

hevig, dus Ibar vaart dat stukje nog mee,' legt Oscar uit. 'Het laatste stuk naar Portimão kunnen wij dan samen op ons gemak doen. We liggen voor op schema. Dus misschien kun jij dan zelfs wel een stukje zeilen. Jij wilt toch zo graag geëmancipeerd doen?'

Het spookt inderdaad bij Gibraltar. We maken veel minder snelheid en de Prowler is overgeleverd aan hoge golven en grillige wind. Ik zie door de keukenraampjes, aan de lage kant van de boot, alleen maar zeewater, geen lucht meer. Ik probeer me staande te houden terwijl ik een poging doe om iets te koken. Ik heb de groente schoongemaakt en net als ik probeer alles in de pan te gooien klapt de Prowler op een golf en vliegen mijn met zorg gesneden courgetteplakjes door de keuken.

'Wraaaaaaaaah,' schreeuw ik, harder dan ik van plan was, terwijl ik op mijn knieën ga om de plakjes bij elkaar te zoeken. Ineens zit Oscar gehurkt voor me, zijn gezicht lachend naar me toe. 'Ja ja, leuk hoor, dat jij bent ontsnapt uit het mutsenparadijs, maar een echte vrouw kan wel koken, hè!' spot hij. Zijn ogen lachen. Het is voor het eerst dat ik dat zie. Zijn hele gezicht verandert erdoor.

'Jij moet vaker lachen, kapitein,' zeg ik serieus, terwijl ik even over zijn wang aai. 'Dat staat je goed.'

Nadat Ibar het schip verlaten heeft varen we een klein stukje verder langs de kust van Andalusië. We hebben geen haast meer nu de oversteek zo voorspoedig is gegaan, en Oscar doet wat hij me beloofde; ik mag actief meezeilen. Geduldig legt hij me alles uit. Hij zegt nog altijd niet veel, maar onze eerste dag samen aan boord valt me niet tegen. In de haven van Cádiz gaan we even wat eten. Het restaurant is romantisch, ons gesprek is dat niet. Oscar vertelt weer over zijn zakelijke successen, zonder ook maar iets aan mij te vragen. Als ik vragen stel kijkt hij wat verstoord, het is blijkbaar de bedoeling dat ik alleen maar af en toe iets bewonderends zeg. Als we teruglopen naar de jachthaven pakt hij mijn hand vast en zegt hij: 'We moeten het wel even over de indeling van de hutten hebben nu we nog maar samen over zijn.'

Ik kijk hem niet-begrijpend aan.

'Nou ja, zo'n mooie vrouw aan boord en dan liggen we allebei alleen in onze hut. Dat klopt toch eigenlijk niet, hè?'

Het is voor het eerst dat Oscar me een compliment maakt, hoe mager ook. Ik weet niet hoe ik op zijn mededeling moet reageren.

'Ik vond het wel goed gaan vandaag, samen met jou zeilen, Maud. Je bent beter dan ik had verwacht. Je moet maar eens nadenken of je niet de reis naar de Caraïben met mij wilt maken.'

Oscar heeft nog steeds mijn hand vast. We staan inmiddels voor de Prowler en stappen aan boord. Ik voel me ongemakkelijk.

'Nou, dat is een mooi aanbod, Oscar, daar ga ik even over nadenken op weg naar Portimão, oké?' vraag ik terwijl ik in de kuip ga zitten. De avond is zwoel, het is fijn om nog even buiten te blijven. Oscar loopt de kajuit in en komt terug met wijn en whisky. Hij gaat naast me zitten, pakt met twee handen mijn gezicht vast en zoent me. Zijn wangen met de blonde stoppelbaard schuren. Zijn adem ruikt naar whisky.

Zijn tong is dwingend. Er zit geen tederheid in deze zoen.

'Wat doen vrouwen toch altijd moeilijk,' zegt hij als hij mijn gezicht loslaat. 'Kom gewoon vannacht bij mij slapen en dan beslis je morgen wat je doet.'

Het moet het meest onromantische verzoek zijn dat ik ooit kreeg. En toch kruip ik later bij hem in bed. Waarom? Ergens verlang ik wel naar zijn aandacht. Vandaag heeft hij me voor het eerst het gevoel gegeven dat hij me zag staan. Ik val niet op charmante mannen die moeite voor me doen en me met egards behandelen. Ik val op nonchalante mannen, zoals Alec ook is, die me altijd met de spanning van de afwijzing laten leven. Mannen die je niet makkelijk toelaten in hun leven. Ik houd van een uitdaging en ben altijd nieuwsgierig of het me lukt om bij zo'n man de volgende laag aan te boren. En ik moet eerlijk toegeven dat de aantrekkingskracht van Oscar toenam toen hij de Prowler op hoge snelheid over de zee stuurde. Een beetje zoals autocoureurs en gitaristen ineens aantrekkelijker worden als ze op een podium staan. Bovendien, ik wilde toch schaamteloos en onverschrokken leven? Het voelt preuts om in mijn eentje in een hut te liggen met een man alleen naast me in de andere hut op een verder verlaten boot. Oscar zoent me nog een keer als ik naast hem in bed kruip. 'Goed zo,' zegt hij. Hij draait zich op zijn buik, legt bezitterig zijn arm over mijn borsten en valt in slaap. De rest van de nacht word ik regelmatig wakker van zijn gesnurk.

De volgende ochtend belt hij opnieuw uren op verhitte toon met Singapore voordat we verder varen. Ik krijg de hele dag weer geen contact met hem. Ik klauter naar de punt van de boot en ga met mijn benen onder de reling door zitten. Mijn favoriete positie. Ik denk terug aan het zeilen met Robbie, Alec, Jarmund en Liv. Het plezier, de warmte, de goede gesprekken, de spetterende seks, de aandacht voor elkaar, de kameraadschap, de liefde. Het ontbreekt allemaal met Oscar. Waarom ben ik hier eigenlijk? Is zeilen dan zo belangrijk voor me dat het gezelschap er niet toe doet? Ik kruip 's avonds weer bij hem in bed, ondanks een dag zonder veel contact en zonder intimiteit. Het gaat net zo als de avond ervoor. Een zoen. Geen seks. Geen complimenten. Geen goed gesprek. Ik voel me ineens ontzettend eenzaam. Ik wil naar huis.

Als we de volgende dag Portimão naderen zegt Oscar dat hij later die middag een ontmoeting heeft met een zakenpartner in de stad. De volgende dag is er een diner met een groep zakenrelaties in Vale do Lobo. Hij vraagt of ik hem wil vergezellen om dan de dag erna naar Amsterdam terug te vliegen. Hij heeft daar ook nog zaken af te wikkelen, dus kunnen we samen vliegen. Ik vind het prima. Ik verlang ernaar naar huis te gaan. Ik hoor Oscar niet meer terugkeren die nacht, maar hij ligt wel naast me als ik wakker word. Tijdens zijn gebruikelijke urenlange belsessie met Singapore in de ochtend ga ik naar het strand. Als ik vroeg in de middag terugkeer staat hij geërgerd op me te wachten. 'Verdomme, Maud, we hadden al in Vale do Lobo moeten zijn, ik moet vanmiddag een rondje golf met die mannen lopen, kleed je snel even om!'

Onderweg in de huurauto haalt hij een doosje uit zijn broekzak en zegt: 'Hier. Doe deze maar in. Die zigeuneroorringen van jou kunnen echt niet, je lijkt wel een hippie.'

Er staat CARTIER met sierlijke letters op het doosje. Er zitten twee witgouden oorringen in, compleet bezet met diamantjes. Ze zijn veel kleiner dan mijn geliefde creolen, die ik mezelf cadeau gaf toen mijn boek uitkwam. Ik draag ze vrijwel dagelijks sindsdien. Niemand heeft ze ooit zigeuneroorringen genoemd. Ik doe de Cartiers in mijn oren en kijk in het spiegeltje van de zonneklep hoe ze staan. De zon flikkert in de vele diamantjes. Ze zijn prachtig. Oscar kijkt me tevreden aan.

'Veel beter. Je moet je eens naar je leeftijd gaan kleden, Maud. Die cowboylaarzen van jou kunnen ook echt niet meer.'

Ik kijk naar mijn voeten. Mijn crèmekleurige laarzen van slangenleer zijn al de hele wereld met me over geweest. De punten beginnen er wat afgeleefd uit te zien. Maar ja, ik ging alleen maar een weekje naar Ibiza. Ik had nu eenmaal niet gepakt voor een zakenbespreking in Vale do Lobo.

'Die oorbellen staan je prachtig, Maud. Als je met me meegaat naar de Caraïben zijn ze van jou, oké?'

O ja, de Caraïben. Het onderwerp was niet meer ter sprake gekomen. Ik moet er niet aan denken. Als ik één ding geleerd heb van dit tripje met Oscar is het wel dat ik alleen nog maar grote zeiltochten wil maken met een man van wie ik houd. Ik besluit het onderwerp voor nu maar even te laten rusten.

Oscar rijdt zoals hij zeilt. Met hoge snelheid en in zichzelf gekeerd. Aangekomen op het prachtige landgoed op het Portugese golfresort waar het wemelt van de rijke Nederlanders levert Oscar mij af bij de gastvrouw. Haar man is al samen met de andere mannen van het gezelschap op de aangrenzende golfbaan. Oscar haast zich ernaartoe terwijl de gastvrouw mij meeneemt naar het grote terras aan het zwembad van haar villa. Daar kijken vijf vrouwen mij nieuwsgierig aan. Vier van de vijf zijn net zo hoogblond als de gastvrouw, allemaal overduidelijk uit het Gooi afkomstig. Ik stel mezelf voor en ga met de cocktail die me wordt aangereikt naast de enige donkere vrouw in het gezelschap zitten.

Ze sist zachtjes en zegt: 'Mooie oorbellen, dame! Nieuw?'

Ik voel er even aan en zeg: 'Geen idee, Oscar wilde graag dat ik ze vandaag droeg. Ze zijn niet van mij.'

'Niet van jou? Moet je ze teruggeven dan?' vraagt de oudste van de blonde vrouwen. Je kunt nog zien hoe mooi ze vroeger moet zijn geweest. Ik schat haar eind vijftig, ook al is dat moeilijk vast te stellen vanwege alle modificaties aan haar gezicht. Ze heeft haar haren opgestoken in een losse knot. Haar ogen zijn dof en zelfs als ze lacht blijven haar mondhoeken een beetje omlaag wijzen.

'Nou ja, ik mag ze houden als ik meevaar naar de Caraïben. Maar dat ben ik eerlijk gezegd niet van plan,' zeg ik bedremmeld.

'Een mooie beloning voor een zeilreisje!' roept de donkere vrouw terwijl ze mijn oorbellen van dichtbij bekijkt. 'Je hebt rond de vijftigduizend euro in je oren hangen, lieverd, dus ik zou mijn tasje maar inpakken als ik jou was.' Ze lacht goedkeurend naar me.

'Je moet het even goed spelen, deze heb je vast binnen, maar Oscar is meer waard, hoor,' zegt de oudere vrouw. 'Nu je toch onder mijn duiven zit te schieten moet je het wel goed doen.'

'Onder jouw duiven zit te schieten?'

De vrouw kijkt samenzweerderig naar de andere vrouwen. 'Ja, even entre nous, maar Oscar staat al een jaartje bij mij ingeschreven.'

'Margreet heeft een bemiddelingsbureau voor vrijgezelle miljonairs,' zegt de donkere vrouw glimlachend.

Mijn nieuwsgierigheid is gewekt. 'Een bemiddelingsbureau?'

'Voor mannen als Oscar is het heel moeilijk een geschikte vrouw te vinden. Ze zijn te high profile voor een datingsite. En ze hebben ook helemaal geen tijd om te daten. Ze zijn gewend om al hun dagelijkse beslommeringen te outsourcen. Dus ook hun liefdesleven. Logisch toch?' legt Margreet uit. 'Kiki heb ik ook gekoppeld aan John,' wijst ze naar de mooie blonde jonge vrouw die mij behoorlijk zwanger lijkt. Al kun je dat verder nauwelijks zien aan haar ranke lijfje.

'En binnen vier maanden was ik getrouwd, over een maand komt ons eerste kindje,' knikt Kiki.

'Maar hoe werkt dat dan allemaal?' wil ik weten.

'Het moeilijkste voor mij is vrouwen vinden,' zegt Margreet. 'De mannen kom ik natuurlijk wel tegen. Wij weten vaak eerder dan hun vrouw dat ze gaan scheiden.' De vrouwen moeten erg lachen om deze opmerking. 'Ze betalen mij een inschrijffee. Dan gaat een van mijn medewerkers vijf dagen als een soort p.a. met zo'n man leven. Om hem goed te leren kennen; al zijn eigenaardigheden en voorkeuren brengen we zo in kaart. En dan gaan we matchen. We zoeken er de juiste vrouw bij. We proberen in één keer raak te schieten, want deze mannen hebben haast. Als ze te lang vrij rondlopen worden ze een prooi voor verkeerde vrouwen en dat leidt af van hun werk en levert imagoschade op. Een goede zakenman heeft een goede vrouw naast zich nodig.'

Ik kijk haar verbijsterd aan. 'Maar het klinkt allemaal zo liefdeloos!'

'Liefje, doe eens niet zo naïef,' zegt de gastvrouw tegen me, terwijl ze me mijn derde cocktail aanreikt. Ik kan deze vrouwen niet bijhouden met drinken. Mijn vorige cocktail staat nog onaangeroerd op de rand van het zwembad. 'Liefde is voor tieners. In je volwassen leven draait het om andere dingen. Je wilt een goed leven. Mooie reizen, fijne restaurants. Liefde is totaal overschat. Kijk, Kiki zit pas in het eerste jaar. Die heeft nog seks, maar wij kunnen ons de laatste keer niet meer herinneren. Mannen die zo druk zijn als de onze hebben daar geen behoefte meer aan.'

Ik denk even terug aan de rallymannen op Ibiza. Geen behoefte aan, *yeah right*. Deze vrouwen zullen best weten dat hun mannen de seks elders halen, maar blijkbaar interesseert ze dat niet. Maar goed, Oscar heeft me nog met geen vinger aangeraakt, dus misschien hebben ze ook wel gelijk.

'Maar die stiekeme Oscar heeft jou dus zelf ergens gevonden. Daar gaat mijn matchingbonus!' lacht Margreet. 'Bij een geslaagde match breng ik meer in rekening dan die oorbellen van jou gekost hebben, Maud, dus tel je zegeningen, ik heb dankzij jou een gat in mijn begroting.'

'Dus ik heb oorbellen van een halve ton in mijn oren om me over te halen om mee te gaan zeilen, en als ik niet ga zoek jij een vrouw voor Oscar die wel mee wil. En daar betaalt hij jou dan vijftigduizend euro voor? Begrijp ik het zo goed?' vat ik mijn wijze les van deze middag even samen.

Tevreden kijken de vrouwen mij aan. 'Goed geregeld, hoor!' zegt de donkere.

'Welkom in ons midden!' brengt de gastvrouw een toost op mij uit.

Ik heb me nog nooit zo goedkoop gevoeld. Met mijn dure oorbellen. Ik pak het Cartier-doosje uit mijn tas en stop de diamanten ringen terug terwijl ik mijn eigen zigeunercreolen weer in doe. De vrouwen merken het niet. Het drinken gaat in hoog tempo door terwijl ze alle roddels van dit Gooise-reservaat-over-de-grens doornemen. Als de mannen terugkeren van de golfbaan – ook in kennelijke staat – herken ik een van hen. Toen ik nog directeur was van het grote mediabedrijf, een paar jaar geleden, heb ik diverse gesprekken met hem gevoerd over de overname van een van zijn bedrijven. We kwamen er niet uit. De gesprekken tussen ons eindigden grimmig. Voorzichtig loop ik dus op hem af om hem gedag te zeggen. Maar hij herkent me niet. Hij slaat Oscar op de schouder en zegt: 'Waar heb je deze gevonden, kerel?'

Ik druip af. Het is duidelijk. Vrouwen zijn hier accessoires. Ze bedrijven een hogere vorm van prostitutie en zijn tevreden met hun rol aan de voet van de apenrots. In de auto op weg terug naar de Prowler geef ik het Cartier-doosje aan Oscar. En ik besluit de rest van mijn leven zo ver mogelijk uit de buurt van miljonairs te blijven. Met of zonder zeil-boot.

14 Martini

Als ik het restaurant uit loop na een avondje bijpraten met een vriendin zie ik dat ik achttien WhatsApp-berichten en zes gemiste oproepen heb van Angelique. Zonder eerst te lezen bel ik haar zodra ik in de auto zit.

'Pak je koffer, we vliegen morgen naar Zweden voor een lang weekend skiën.'

'Ik kan helemaal niet skiën, Angelique, en ik wil het ook niet leren. En hoezo Zweden trouwens? Daar is de drank onbetaalbaar en zijn alleen maar bomen. Dat klinkt niet als een plek waar jij wilt zijn.'

Ze vertelt me dat de Zweedse scheepsmagnaat die ze eerder dit jaar in Monaco ontmoette haar heeft uitgenodigd voor een lang weekend in zijn buitenhuisje. Hij gaat skiën met vrienden. Als Angelique een of twee leuke vriendinnen meeneemt gaan ze een geweldig weekend hebben, had hij zo bedacht.

'Er ligt al een ticket met jouw naam erop klaar op Schiphol. Té leuk toch? Skiën leer ik je daar wel, dat stelt niks voor,' probeert Angelique me over te halen.

Een ticket klaar op mijn naam? Wacht even. Als ik ooit al ga skiën, dan boek en betaal ik mijn eigen ticket en zoek ik mijn eigen gezelschap uit.

'Ik peins er niet over, Angelique. Ik ga niet met een groep

onbekende oude geile Zweden in een huisje in de sneeuw zitten in the middle of nowhere. Gezellig met z'n allen in de sauna zeker? Nee, dank je.'

Angelique reageert geïrriteerd. 'Wat doe je toch altijd preuts. Je gaat gewoon mee, we gaan een supertijd hebben daar.'

Ik werp tegen dat ik mijn prille verkering met Jeffrey een kans wil geven.

'Jeffrey? Wie is Jeffrey nou weer?' vraagt Angelique verbaasd.

'Jeffrey, die bokser uit Amsterdam met wie ik al twee weken date, weet je nog?'

'Ah joh, dat is toch die neger? Wat moet je daar nou mee, daar zit toch geen toekomst in? En negers zijn niet monogaam, dus jij gaat gewoon lekker mee naar Zweden,' zijn de *famous last words* van Angelique voor ik de verbinding verbreek.

Het was de druppel, besef ik als ik onze stormachtige vriendschap overdenk. Ik leerde Angelique kennen toen ik nog maar net was begonnen met mijn start living-project. Ik snakte naar contact met nieuwe mensen, naar avontuur, naar het onbekende. Ik keek tegen Angelique op, zij was alles wat ik zou willen zijn. Zij leefde het leven dat ik dacht te willen hebben. Anderhalf jaar lang was zij een van de belangrijkste personen in mijn leven. Ik sprak haar elke dag en we zagen elkaar meerdere keren per week. Ze loodste mij met geduld door liefdesverdriet en mislukte avonturen met mannen heen. Ze zorgde voor me toen mijn ooglaseroperatie verkeerd afliep. Ik hielp haar met verhuizen en het schrijven van haar businessplan. We gingen samen stappen, op vakantie, sporten. Ergens onderweg begon het te knellen. Onze relatie was misschien ook wel een beetje ongezond geworden. Te intensief en het voetstuk waarop ik Angelique had gezet was veel te hoog. Het knellen werd striemen bij zaken waar we van elkaar verschilden. Ik ben een natuurmens, Angelique een kroegtijger.

'Moet je nou alweer naar je paard?' riep ze elke zondag opnieuw als ik me klaarmaakte voor een rit die de hele dag mocht duren.

'Wat kost dat beest toch veel tijd! Kun je niet gewoon een uurtje rijden in plaats van de hele middag? Gaan we lekker vanmiddag naar Amsterdam en daar wat eten.'

De hele middag in de kroeg hangen bedoelde ze dan. Ik als het nuchtere muurbloempje dat haar weer veilig thuis kon brengen na een avond shinen en zuipen in de hoofdstad. Ook de onafhankelijkheid die ik zo bewonderde toen ik haar leerde kennen vertoonde behoorlijke barsten. Angelique leek wel verslaafd aan mannelijke aandacht, die er altijd in overvloed was in haar leven. Op zich had ik daar geen last van, maar steeds vaker voelde het alsof ze mij daarin mee probeerde te slepen. Er cirkelden altijd mannen om haar heen van het soort waar ik – zeker na mijn avontuur op Ibiza – liever bij uit de buurt blijf. Ik geloof oprecht dat Angelique ze niet uitzocht op hun zakelijke succes of geld. Maar ze hadden het wel allemaal. 'Zo handig, zeg, de mannen met wie ik nu date hebben toevallig alle drie dezelfde auto. Een Panamera of zo, een zwarte, ja, ik weet niets van auto's, hoor.'

Deze vrouw die drie Porsche-bezitters per week haar bed in sleept durft een oordeel te hebben over mijn fantastische Surinaamse vriendje? Ik ben op slag klaar met haar, besluit ik.

Naast Angelique is ook Alec eindelijk voorgoed uit mijn leven verdwenen. Na het incident in Friesland hebben we geen contact meer gehad. Ik dacht dat ik kapot zou gaan van verdriet als ik Alec zou kwijtraken, maar tot mijn verbazing voelde ik me al snel opgelucht. Veel te lang was ik ongelukkig over het verloop van onze affaire en begreep ik niet waarom het maar niet werkte tussen ons. Na de scène in het Friese bos is alles me eindelijk duidelijk geworden. Het lag niet aan mij, er is niets wat ik had kunnen doen om het anders af te laten lopen. Het is zijn probleem, ik kan het niet voor hem oplossen. Ik vind het verdrietig voor hem, maar ik besluit mijn rug te rechten en door te leven. Al snel zijn mijn tranen gedroogd en kijk ik verwonderd terug op mijn maandenlange treuren om deze man. Waar kwam dat toch allemaal vandaan? Ik kan me nu al bijna niet meer voorstellen dat ik zo van slag was. Als ik eerlijk ben heb ik al vanaf het begin geweten dat er geen toekomst met hem mogelijk was. En nu realiseer ik me dat ik daar zelfs blij om ben, dat ik ook helemaal geen toekomst met hem wil. Ik wil nog even vrij zijn. En verder ontdekken hoe het allemaal zit met de liefde. Met Alec was ik verliefd op een droom, denk ik. Een ingebeelde verliefdheid die werd versterkt door mijn af en toe opspelende verlangen naar het vertrouwde gevoel van een relatie. En dat had ik wel bij hem. Dat maakte hij in me los. Alec kwam – iets eerder dan Angelique – op een bepalend moment in mijn leven. Hij gaf mij het laatste zetje naar mijn nieuwe leven, de nieuwe Maud. Het was tijdens die allereerste zeiltocht met hem dat ik me voor de eerste keer in mijn leven los en vrij voelde. Goed in mijn lijf, goed over mezelf, ik voelde me vrouwelijk, mooi en ongeremd. Het doel om onverschrokken en onbevangen te leven behaalde ik toen voor de eerste keer. En daarom heeft het ontzettend veel indruk op me gemaakt en heb ik lange tijd dat wat ik toen voelde met liefde verward. Jaren ben ik op zoek geweest naar datzelfde gevoel. Ik wilde het terughalen en dacht telkens als het me niet lukte om precies dat te voelen dat ik niet echt gelukkig was. Nu weet ik wel dat het nooit meer terug zal komen in die vorm. Het is er eigenlijk elke dag in een andere variant. Het is inmiddels zo gewoon geworden dat ik me goed over mezelf voel, dat ik ook niet meer zoek naar die euforie van dat allereerste moment. Pas nu ik kan accepteren dat Alec voorgoed uit mijn leven is valt dat me op.

Ook het verbreken van het contact met Angelique lucht op. Mijn start living-project is een expeditie naar het leven dat mij gelukkig maakt. Op die weg is Angelique heel belangrijk geweest. Maar ik wilde misschien te veel op haar lijken. Jezelf vinden is niet hetzelfde als een kopie worden van iemand die je bewondert. Angelique opende voor mij de poort naar het leven waarnaar ik verlangde sinds ik een tiener was. Het leven als in een Martini-commercial met muziek, mooie mensen, liefde, dansen, flirten en plezier, soms op de mooiste plekken op aarde. Als ik blader door het mapje met de foto's die ik de afgelopen jaren maakte zie ik dat allemaal voorbijkomen. En ik ben heel erg blij dat ik het beleefde, ik had er geen moment van willen missen. Ik heb het Martini-leven van alle kanten leren kennen en vooral de oppervlakkigheid ervan gezien. De gesprekken gaan nergens over en de herinneringen worden al met veel drank weggespoeld op het moment dat ze ontstaan. De mensen die ik in het Martini-leven tegenkom lijken er welhaast aan verslaafd, altijd op zoek naar meer. Meer feest, meer drank, meer mannen (of vrouwen). Als mijn eerste nieuwsgierigheid is gestild begint de oppervlakkigheid me al snel tegen te staan.

Het Martini-leven was leuk zolang het duurde. Maar ik stap hier uit.

15 Ankeren

Even ben ik bang dat ik terugveer naar de oude Maud, die een beetje bozig vanachter de gordijnen toekijkt hoe andere mensen wel een leuk leven hebben. De angst om alleen te eindigen houdt me bezig na het verbreken van de vriendschap met Angelique. Er kwamen veel mensen in mijn leven de laatste jaren, maar veel verdwenen er ook weer. Ik vraag me af hoe dat komt. Ligt het aan mij? Moet ik iets veranderen? Ik zet eens op een rijtje wie er kwamen en gingen en of ik daar een patroon in kan ontdekken. Ik kom erachter dat het toch vaak om mensen gaat van wie ik nu, met enige afstand, kan zeggen dat we niet zo goed bij elkaar pasten. Of dat ik misschien met verkeerde verwachtingen instapte. Met sommige vriendinnen was het contact te intensief, begon het bijna op een relatie te lijken met bijbehorende ergernissen. Bij anderen voelde het geforceerd en was ik eigenlijk nooit helemaal mezelf. Nu ik er zo over nadenk blijkt Angelique tot de laatste categorie te behoren. Dat is een belangrijke constatering. Ik was in mijn vriendschappen blijkbaar nog erg op zoek. En ervoer het feit dat het allemaal niet honderd procent goed voelde als een teken dat het werken aan mezelf nog niet klaar was. Ik begin in te zien dat het tegenovergestelde waarschijnlijk waar is. En dat ik het punt nader dat ik weet wie ik zelf ben en in staat ben om de vrienden en relaties te kiezen die daarbij horen. En de vrienden te laten gaan die ik niet meer nodig heb. Ja, dat geeft ineens een leegte in mijn leven. Maar de leegte die ik nu even voel betekent niet dat mijn angst om weer alleen te eindigen terecht is. Ik leg nog altijd makkelijk contact met mensen, veel makkelijker dan ik deed voor mijn start living-project. Daardoor komen er steeds weer nieuwe mensen in mijn leven die leuke dingen met mij willen ondernemen. Maar ik durf nu te accepteren dat ik het gewoon heel erg fijn vind om alleen te zijn. Ik kies er ook steeds vaker voor om alleen te zijn, terwijl ik ook andere opties heb. Vroeger had ik die opties niet, dat is het verschil. Misschien is er helemaal geen nieuwe Maud, zoals ik eerst even dacht, en zoals ik een jaar of twee even was. De Gooise, de feestende, de kloon van Angelique. Misschien ben ik wel teruggeveerd naar een verbeterde versie van mijn oude zelf. Want veel van de oude Maud was best wel oké en hoefde misschien niet overboord.

Mijn moeder was de eerste die het zag, denk ik. In het voorjaar koppel ik mijn paardentrailer aan en vraag of ze zin heeft om mee te gaan naar het tuincentrum. Ik woon nog steeds in mijn minivilla. Terwijl ik mezelf al sinds ik er woon wijsmaak dat het tijdelijk is, want ik ga uiteraard naar Amsterdam verhuizen. Een vrouw alleen heeft niets te zoeken in een Gooise villawijk vol gezinnen en oude mensen die zich verschansen achter hoge hekwerken. Niet dat ik behalve een laffe *e-mail alert* op Funda.nl echt werk maak van het zoeken naar een huis in Amsterdam, maar ik houd voor mijn gevoel de opties open. Nadat mijn Caribische avontuur niet doorging verlengde ik het huurcontract van mijn tijdelijke huis met een halfjaar, nog altijd levend vanuit verhuis-dozen. Je opties openhouden geeft een gevoel van vrijheid. Maar het geeft ook onrust. En langdurige onrust maakt on-gelukkig. Mijn vrienden beginnen zich zorgen te maken.

'Juist doordat jij alles openhoudt sta je stil,' drukt Annelou mij op het hart. Annelou is de enige vriendin die mij al ken-de uit mijn vorige leven. Ze ving me op toen Arthur vertrok en heeft al mijn ontwikkelingen vanaf een afstandje gadege-slagen. 'Jij moet weer eens wat ankers uitgooien.'

En dus koop ik mijn minivilla. Ik ga niet naar Amsterdam, daarmee moet ik mezelf niet langer voor de gek houden. Ik houd van het Gooi. Van het zeilen op de Loosdrechtse Plas-sen, het hardlopen op de Bussumse hei, het paardrijden in het Spanderswoud en op de hei bij Laren. Ik laat mijn huis helemaal naar mijn zin afmaken. Er hangt nu een kroon-luchter boven mijn ligbad. De prachtige op maat gemaakte glanzende gordijnen kleuren geweldig bij mijn nieuwe bank en er zijn genoeg kasten getimmerd om eindelijk al mijn verhuisdozen leeg te kunnen maken. En nu sjouw ik samen met mijn moeder een paardentrailer vol planten en bloem-bakken mijn tuin in. Als ik tevreden kijk naar de enorme bamboestruiken die het kleine stukje zicht op het huis van mijn buren wegnemen zegt mama: 'Je bent weer een nestje aan het bouwen, hè? Eindelijk krijg je weer een beetje rust in je lijf.'

Tuinieren was op de boerderij mijn grootste hobby. Da-genlang kon ik totaal gelukkig in de tuin bezig zijn. Maar in mijn Gooise tuin ben ik in de twee zomers die ik er tot nu toe doorbracht niet verder gekomen dan af en toe haastig een kopje koffie in de zon en de heg snoeien als het echt niet langer meer kon. Want ik moest door, er waren stranden die op mij wachtten. Feesten waar ik naartoe moest. Zeiltochten die gemaakt moesten worden. Mannen die mijn aandacht vroegen. De tuin boeide me niet. Dit voorjaar voelt het voor het eerst niet meer alsof ik op de vlucht moet. Steeds vaker wil ik helemaal niet weg, maar wil ik lekker in mijn tuin zitten. Ik rooi eigenhandig de enorme buxus die mijn halve voortuin in beslag nam, zodat ik eindelijk mijn ligstoelen uit de opslag kan halen waar ze al ruim twee jaar staan te verpieteren. Als ik de buxustakken afvoer op een aanhangertje achter mijn Range Rover voel ik me weer even de boerin Maud. De stoere, die op klompen liep en met een schipperstrui aan. Ik heb haar gemist, voel ik ineens. Deze Maud ben ik ook nog steeds en daar hoef ik me helemaal niet voor te schamen. Ik kan het misschien wel allebei zijn. Ik hoef niet altijd op hakken te lopen met een sexy jurkje aan uit angst om weer te worden wie ik vroeger was.

'Ben je thuis? Dan kom ik even langs, ik ben al in het Gooi. Welke straat woon je ook alweer?' sms't Marco.

Ik heb geen contact meer met hem gehad sinds hij Alec oppikte op het politiebureau in Friesland, dus zijn bericht verwondert me, maar ik had altijd een warme band met hem, dus het is zeker fijn om hem weer even te zien als hij toch in de buurt is. Ik sms mijn adres naar hem en tik: 'Gezellig, ik zie je zo!'

Hij belt aan en ik schrik van zijn gezicht. Hij ziet eruit alsof hij gehuild heeft en drie nachten niet heeft geslapen.

'Pak je spullen en ga even met me mee, ik moet je wat laten zien,' zegt hij.

'Waar gaan we naartoe, Marco? Wat is er aan de hand? Je ziet er slecht uit. Is er iets met Alec?' vraag ik als hij met een stevige gang naar de snelweg rijdt.

'Heb jij de laatste tijd nog contact met Alec gehad?' wil hij van me weten.

'Nee, ik heb hem niet meer gezien of gesproken sinds jij hem meenam van het politiebureau in Friesland vorige zomer. Hij heeft me daarna een lange mail gestuurd met een uitleg die duidelijk was voor mij. Eindelijk begreep ik wat er speelde en kon ik er vrede mee hebben dat het nooit tot een relatie zou kunnen komen tussen ons. Ik heb het erbij gelaten. Geen contact meer met hem gezocht en hij ook niet meer met mij.' Marco kijkt strak voor zich uit.

'Hij is sindsdien alleen maar verder weggezakt in een depressie. Ik kreeg soms weken geen contact meer met hem,' zegt hij. 'Ik heb hem gesmeekt om naar een psychiater te gaan of zich op te laten nemen, maar dat weigerde hij. Hij zei dat hij niet meer te genezen is. Dat niemand wat voor hem kon doen. Ik heb hem zelfs een tijdje bij mij in huis genomen. In het gastenverblijf dat ik achter mijn huis heb, weet je wel?'

O, jazeker weet ik dat. Het gastenverblijf waar ik dacht dat ik zwanger raakte van Alec. Waar ik me zo ontzettend verbonden met hem voelde. Ik vertel Marco dat verhaal.

'De eerste keer in mijn leven dat ik voortplantingsdrift voelde, dat ik zeker wist dat ik een kind wilde. Met hem. Met Alec.'

'Ik zou willen dat je echt zwanger was geworden toen,' glimlacht Marco. 'Dan was het misschien allemaal anders gelopen. Jij had een goede invloed op Alec. Voor jou wilde hij een beter mens worden en proberen weer wat van zijn leven te maken. Dat zei hij vaak in die periode dat hij bij mij logeerde. Hij kluste bij mij aan een oude schuur die opgeknapt moest worden. Je weet hoe handig hij is.'

'Hoelang heeft hij toen bij jou gewoond dan?' vraag ik terwijl ik me afvraag waar we in hemelsnaam naartoe rijden.

Marco woont vlak bij Amsterdam, maar we rijden nu in de richting van Rotterdam.

'Een paar weken. Toen wilde hij terug naar huis. Mijn zoontje was jarig, dus het was een drukke boel bij mij. En je kent Alec, daar houdt hij niet van, veel mensen om zich heen. Ik had de volgende ochtend pas in de gaten dat hij was vertrokken. Hij nam zijn telefoon weer dagenlang niet op en sms'te alleen dat hij thuis was en dat ik me geen zorgen moest maken.'

Ik kijk Marco aan en zeg: 'Ik ben zo blij dat hij jou als vriend heeft. Je bent een goed mens. Jij bent er altijd voor hem, terwijl het voor jou net zo moeilijk moet zijn als voor mij om te zien dat hij soms lijdt. En te moeten accepteren dat hij steeds weer wegduikt en dat je dan niets voor hem kunt doen.'

Marco slikt. 'Ik heb alweer weken niks van hem gehoord. Zijn telefoon gaat niet meer over. En deze keer heeft hij me ook niet ge-sms't.'

We draaien het terrein van een jachthaven op. Marco stapt uit en trekt me mee naar het gedeelte waar de boten op het droge liggen. Ik schrik. Daar ligt de Jag. De boot van Alec. De mast is afgebroken. De verstaging hangt langs de zijkant van de boot, die hevig beschadigd is. 'Wat is er gebeurd?' wil ik weten.

De beheerder van de jachthaven is ons tegemoet gelopen. Hij stelt zich voor en zegt: 'Deze boot is van de week op de Noordzee aangetroffen, zonder bemanning. Hij is hiernaartoe gesleept. We weten niet wat er gebeurd is. Kent u deze boot, mevrouw?'

Jazeker ken ik deze boot. Ik leefde op de toppen van mijn geluk op deze boot.

'Kan ik even binnen kijken?' vraag ik.

Dat kan. Er wordt een trap naast de Jag gerold en Marco en ik klimmen aan boord. Ik ga de kajuit binnen waar ik zoveel gelukkige uren doorbracht. De eettafel is omgebouwd tot het tweepersoonsbed waar ik sliep met Alec. Alec was er net als zoveel zeilers altijd op gebrand dat alles netjes werd opgeruimd en vastgezet voor het uitvaren. Hij zou nooit de haven of ankerplek verlaten voordat het bed was opgeruimd en de tafel weer op zijn plek stond. Nu ligt het dekbed op de vloer van de kajuit. Alec borg het altijd netjes op in de punt van de boot voordat er gevaren werd. Het kombuis ligt verder vol met vieze pannen en serviesgoed. Ook dat is niks voor Alec. Hij maakte er altijd een punt van dat ik direct na het eten de afwas deed in het kleine roze teiltje. In een zeilboot is orde een noodzaak. Ik kijk in de kast tegenover de kleine wc-ruimte waar de regenpakken hangen. Het pak van Alec is weg. Ik schuif de kussens die dienstdoen als matras van het tweepersoonsbed aan de kant zodat de eettafel zichtbaar wordt, die nu de bedbodem vormt. Onder de tafel zit een lade waar Alec zijn kaarten opbergt.

'Help even die tafel optillen, Marco,' zeg ik terwijl ik het laatje openschuif.

Ik haal de kaarten tevoorschijn, die netjes in een grote plastic hoes zijn geschoven. Kaarten van de Noordzee liggen bovenop. 'Alec Maud – Overtocht Engeland' heeft Alec erop geschreven. Ik moet huilen. De tocht die ik met hem zou maken, maar waar we nooit aan begonnen zijn. Alec had het er altijd over. Hij was al op marifooncursus geweest, zodat hij klaar was voor de oversteek. Samen hadden we deze kaart vaak bestudeerd als we 's avonds na een zeildag in de kuip zaten. Alec legde dan uit hoe hij van plan was naar Engeland te varen. Waar in Zuid-Engeland we dan aan land zouden gaan.

'Hij zal toch niet hebben geprobeerd om in zijn eentje de oversteek te maken?' vraag ik met bibberende stem aan Marco.

Marco slaat zijn armen om me heen, trekt me tegen zijn borst en fluistert in mijn haren. 'De Jag ligt hier al drie dagen, Maud. Ik was hier vanochtend voor het eerst. Het heeft de havenbeheerders tijd gekost om in contact te komen met mensen die Alec kenden. Zijn broer belde mij vanochtend. De visser die de Jag vond en naar de haven bracht denkt dat hij niet langer dan een paar uur onbemand heeft rondgedobberd. Maar dat was wel twintig mijl uit de kust. Als Alec te water is geraakt, dan is dat alweer zeker drie dagen geleden. Niemand heeft meer iets van hem vernomen.'

Verdoofd kijk ik rond. Ik pak de theemokken uit het keukenkastje en reik naar het kleine kluisje dat achter in het kastje verborgen zit. Ik haal de telefoon van Alec eruit en geef hem aan Marco.

'Zijn telefoon ligt hier. Niet zo raar dus dat hij hem niet opneemt.'

Ik pak zijn sleutelbos die ook in het kluisje ligt. Zijn autosleutel zit eraan. Net als zijn huissleutel.

'Heeft er al iemand bij hem thuis gekeken? Of in zijn thuishaven? Of zijn auto daar staat?'

'Ik heb gebeld met de beheerder of zijn auto op de parkeerplaats staat, maar dat was niet zo, vertelde hij me. Ik ben er niet zelf geweest. En ik heb geen sleutel van zijn huis. Laten we er maar even naartoe rijden,' besluit Marco.

Het voelt raar om na zo lange tijd het huis van Alec weer binnen te stappen. Ik had het hoofdstuk Alec afgesloten. Ik kan elke centimeter van zijn fijne huis uittekenen, maar had niet verwacht hier ooit nog binnen te zijn. In het huis waarvan ik nooit een sleutel kreeg. Heel af en toe een paar dagen als ik bij Alec logeerde, maar als ik dan weer naar huis ging wilde hij hem altijd terug.

'Ja, dan ga ik er van de week eentje voor je bij laten maken, Maud. Ik heb maar één reservesleutel. Jij krijgt je eigen sleutel van mij. Volgende keer ligt hij voor je klaar.'

Maar dat was nooit het geval. We lopen de trap op naar zijn woonkamer. Marco schuift de gordijnen open. De kamer is opgeruimd. Er staat alleen een half leeggegeten bakje chips op het bijzettafeltje naast de rode bank. De rode bank waarop ik zo vaak naast Alec lag. Mijn hoofd op zijn schouder. Mijn hand op zijn buik, mijn vingers onder de band van zijn spijkerbroek. Met de tv aan en zijn bakje chips naast hem. Uiterst tevreden was hij dan altijd.

Ik ga even zitten en schik de kussentjes op deze bank waarop we zo vaak seks hadden. Of ik Alec nu veel of weinig zag, het eerste halfuur van onze ontmoetingen was altijd hetzelfde. Ik belde aan. Hij deed de deur open en trok me zoenend naar binnen, begon me in de hal al de kleren van mijn lijf te trekken. Gooide me in de woonkamer op zijn rode bank terwijl hij zich uit zijn spijkerbroek worstelde en duwde in één keer zijn pik naar binnen. Zonder zich om mij te bekommeren neukte hij me woest, alsof het zijn laatste keer was. Om altijd af te sluiten met: 'Schatje, wat is het toch een feest om jou te neuken. Sorry hoor, ik weet niet wat me overkwam, maar dit moest even. Zal ik nu eerst een kopje thee voor je zetten?'

Ik moest hem er altijd weer aan herinneren dat hij thee dronk, maar ik koffie.

In de keuken staan een paar kopjes en een bord in de wasbak. We lopen naar boven. Zijn bed is opgemaakt. In de badkamer ligt een roze haarborstel met lange donkere steile haren erin. Aha, zijn laatste verovering was dus geen blondine, registreer ik met het vertrouwde zeurderige gevoel in mijn buik.

'We moeten de politie maar even bellen, Marco. Misschien kunnen die hier nog wat van maken.'

Als de agenten binnenkomen glip ik naar buiten.

'Ik ben zo terug,' roep ik.

Ik wandel in de richting van het strand. Ik heb deze wandeling zo vaak met Alec gemaakt. Ik ben dol op deze stad. Op deze buurt. Op deze omgeving. De wind is koud. Het strand is verlaten. Ik loop naar de branding. De golven spoelen over mijn cowboylaarzen. Ik tuur naar de zee. En weet zeker dat ik Alec nooit meer zal zien. Hij heeft het enige gedaan wat hij nog kon. Gelukkig zijn op de Jag.

16 Tweede bevrijdingsdag

'Moet jij niet weer eens gaan zeilen?' vraagt Yvonne. 'Heb je gezien dat er bij Ottenhome een zomeravondcompetitie is? Elke tweede woensdag van de maand zeilen in zo'n vierpersoonsbootje. Zullen we met een paar meiden een team vormen en meedoen?'

Dat klinkt geweldig. Ik heb vorig jaar de hele zomer niet gezeild. Mijn zomer stond in het teken van rouwen om Alec. Mijn laatste stap aan boord van een zeilboot was op zijn Jag, op de dag dat Marco me zo onverwacht kwam ophalen. Ik heb water en boten sindsdien gemeden. Naar het strand gaan was te pijnlijk en te confronterend, laat staan op een boot stappen. Maar het wordt tijd dat ik mijn leven en het zeilen weer oppak.

Yvonne en ik trommelen allebei een vriendin op en Zeilteam Bloeddoddig is geboren. Doddig maar bloeddorstig op de finish af. Mijn paardrijvriendin Marlies kan goed zeilen en Denise, ons andere teamlid uit de vriendenkring van Yvonne, blijkt zelfs zeilinstructeur te zijn geweest. Desondanks worden we in vrijwel alle wedstrijden zeventiende van de achttien deelnemers. Dat is op de avonden dat we überhaupt starten, want het komt ook wel voor dat we nog druk kakelend op het terras zitten als de andere deelnemers al op de Loosdrechtse Plassen zijn. Toch krijgt Yvonne de smaak te pakken. We willen meer.

Ik baal dat ik nog steeds niet zelfstandig kan zeilen. Twintig jaar had ik met Arthur samen een zeilboot, en ook daarna maakte ik talloze zeiltochten, waarbij ik soms uren aan het roer stond, zelfs op zee. Maar zelf een bootje huren bij Ottenhome en de plas rond varen durf ik nog altijd niet. Het is net als vroeger met paardrijden. Ik had een paard, maar kon zonder Arthur niet in het bos komen.

Begin juni zit ik op het terras van de strandtent in Muiderberg op Annelou te wachten. We zien elkaar veel te weinig. Zij werkt nog altijd keihard bij het mediabedrijf waar ik alweer jaren geleden werd ontslagen. En ze kreeg in de tussentijd twee kinderen. Onze levens lopen dus niet meer gelijk op, maar het maakt onze band niet minder hecht. Eens in de zoveel tijd spijbelt Annelou een middag zodat wij het leven uitgebreid door kunnen nemen. Ze komt hijgend van enthousiasme naar mijn tafeltje gehaast. 'Jemig, je kunt hier gewoon Lasers huren! Wist jij dat?'

'Lasers? Wat zijn Lasers?'

Ze trekt me mee naar het kleine jachthaventje bij de strandtent en wijst naar de eenpersoonszeilbootjes die daar op de steiger liggen. 'Dat zijn toch bootjes voor kinderen?' vraag ik onnozel.

'Nee joh! Dat zijn Lasers! Vreselijk stoer om in te zeilen. Die dingen zijn loeisnel en je vaart er zo mee weg. Ik heb bijna mijn hele jeugd in zo'n bootje doorgebracht,' doceert Annelou terwijl ze naar het kantoortje van de beheerder banjert. 'Kijk! Je kunt hier ook leren zeilen in zo'n bootje, zie je dat?'

Er hangt een prijslijst op de gesloten deur van het kantoortje. IN ÉÉN UUR LEREN LASERZEILEN staat erop. In een uur leren zeilen? Waarom ontdek ik dat nu pas? Ik woonde zeven jaar op loopafstand van deze haven. En 's zomers is deze strandtent nog altijd mijn tweede huis. Honderden uren heb ik uitgekeken op deze bootjes. Hoe is het in vredesnaam mogelijk dat ik niet allang heb leren zeilen in zo'n ding?

'Omdat je ook zeven jaar lang niet naar het bos ging met je paard, muts,' herinnert Annelou me fijntjes.

Man man man, ik schreef een boek om vrouwen op te roepen iets van hun leven te maken. Met als belangrijkste boodschap dat je elke dag kunt besluiten dat je leven vanaf morgen anders loopt. Dat je zelf de regie over je leven moet nemen. Weten waar je heen wilt en zorgen dat je er komt. Maar zelf heb ik even over het hoofd gezien dat ik om te kunnen zeilen niet afhankelijk ben van een ander. Ik kan morgen hier in een Laser in een uur leren zeilen.

'Jij belt die beheerder om nog deze week een zeilles te regelen,' beveelt Annelou. 'En dan gaan wij deze zomer hier heel vaak het water op. We gaan nog een keer jouw bevrijdingsdag vieren. Deze keer niet op een paard, maar in een bootje.'

Het klinkt nu al als de mooiste zomer van mijn leven. Yvonne ziet het ook helemaal zitten. Zij wil ook zeilles. Ik mail de instructeur en dezelfde week, vrijdag om drie uur, kunnen we al instappen. Ik heb die middag eerst een powerlunch in Amsterdam en kom om drie uur in mijn designerjurkje en op hoge hakken de steiger op rennen. Yvonne is zich al in een wetsuit aan het hijsen. Jeroen, onze zeilmeester, kijkt me argwanend aan. Ik zie er niet erg zeilfähig uit, dat snap ik zelf ook wel.

'Kunnen jullie eigenlijk wel al een beetje zeilen?' wil hij weten.

'Jazeker, wij hebben een eigen zeilteam waar we wedstrijden mee zeilen,' bluft Yvonne.

Dat is niet helemaal onwaar. Maar dat zij tijdens die wedstrijden niet verder komt dan het ontkurken van de rosé en het aanreiken van de borrelnootjes laat ze even weg.

'Ik heb diverse zeezeilreizen gemaakt en had twintig jaar zeilboten samen met mijn ex-man. De laatste boot was een zeeschouw,' zeg ik met een deskundig gezicht.

Ook dat is niet helemaal onwaar. Maar dat ik nog altijd niet weet wat halve wind en voor de wind betekent en in paniek raak als ik het roer moet bedienen, meld ik nog maar even niet. Vijf minuten later staan we tot aan onze knieën in het ondiepe water met een bootje voor onze neus.

'Met de Laser is het heel anders zeilen dan jullie gewend zijn in de bm's bij Ottenhome,' zegt Jeroen. 'Oploeven en afvallen doe je hier met je gewicht. Bij het oploeven ga je naar lij. Bij het afvallen verzit je naar loef. Je gebruikt het roer dus eigenlijk nauwelijks om te sturen, snap je wel? Ik zal het even voordoen, dan mogen jullie het daarna zelf proberen.'

Hij zeilt weg. Het ziet er kinderlijk eenvoudig uit. Yvonne kijkt me geschrokken aan.

'Loeven en lijen? Wat was dat allemaal voor geheimtaal? Ik begrijp er geen reet van!'

Jeroen komt alweer aanzoeven met de Laser.

'Kun je het nog even uitleggen met dat lij en zo? Dat ging me een beetje te snel,' zegt Yvonne.

Hij kijkt ons vorsend aan.

'Ik vind jullie leuke meiden, maar nou even eerlijk. Kunnen jullie zeilen of niet?'

'Nee, we komen hier toch om te leren zeilen! In een uur leren Laserzeilen, stond er op de website,' zegt Yvonne.

'De Laser is een olympische zeilboot. Een van de snelste zeilboten van de wereld. Als je al goed kunt zeilen in een grotere boot kan ik je in een uur de beginselen van het Laserzeilen uitleggen,' verzucht Jeroen. 'Maar jullie weten amper wat bakboord en stuurboord is. Dan wordt het helemaal niks, meiden. Wat jullie willen is je eerste rijles op het circuit in een formule 1-auto. Dat kan helemaal niet!'

Hij ziet onze teleurgestelde gezichten. 'Nou ja, er staat gelukkig helemaal geen wind vandaag. Ik zal jullie uitleggen hoe de boot precies in elkaar zit. Dan gaan we eerst oefenen met instappen en omslaan. Dan zijn jullie niet helemaal voor niks gekomen. En als dat goed gaat en het is rustig op het water en de wind blijft weg, gaan we wel even proberen een klein stukje te zeilen. Maar dat is dan direct de laatste keer. Je moet eerst goed zeilles nemen in een bm. En dan kom je volgende zomer bij mij terug om te leren Laserzeilen, oké?'

Wij doen braaf onze omslaoefeningen. Als vollerde Cirque du Soleil-clowntjes balanceren we op de zijkant van de omgeslagen boot om hem weer overeind te krijgen. We negeren de aanwijzingen van Jeroen, want we zijn ervan overtuigd dat onze eigen techniek beter werkt en ook nog eens charmanter oogt. Hij heeft het allang opgegeven met ons en als we vinden dat we klaar zijn voor een zeiltochtje sputtert hij niet eens meer tegen. Hij stapt bij Yvonne in het bootje om haar even op weg te helpen.

'Probeer jij zelf maar vast even een stukje, jij hebt al meer ervaring.'

Dat laat ik me geen twee keer zeggen. Ik spurt weg ondanks windkracht nul. Een Laser heeft nauwelijks wind nodig, blijkbaar. Al snel bots ik op een surfer die ik over het hoofd zag. Als ik in paniek probeer bij te sturen knal ik tegen de steiger aan. Ai. Dat zeilen valt nog helemaal niet mee. Gelukkig zag de instructeur dit allemaal niet en tegen de tijd dat hij en Yvonne weer aan komen varen heb ik het allemaal redelijk onder controle. Dus we mogen een stukje solo. We komen bijna niet op gang, we krijgen geen zuchtje wind in onze zeilen, maar varen samen langzaam een stukje de plas op. Tot we opeens wind vangen. Ik lig ongeveer tien meter voor Yvonne. We gaan heel schuin, we hangen een beetje op de zijkant om onze bootjes in balans te houden. Ik kijk naar Yvonne, we lijken wel profs!

'Whoop whoop, op naar Rio 2016,' schreeuw ik naar haar.

Hadden we maar een cameraploeg mee. Als we die vijftien seconden toch eens op film hadden kunnen vastleggen! Het zag er geweldig uit, van olympische klasse. Maar dan ineens vanuit het niets slaat de wind om en tolt mijn boot om zijn as. Yvonne kan me niet meer ontwijken. Ze klapt boven op me en we slaan allebei over de kop. De masten kletteren alle kanten op. Die van mijn boot breekt af. Als ik weer boven water kom en probeer op de kiel van mijn Laser te klimmen, voel ik een felle pijnscheut in mijn knie. Bedremmeld leveren we onze gehavende bootjes in en beloven eerst goed te leren zeilen voordat we nog eens terugkomen. Yvonne moet me ondersteunen als ik naar mijn auto strompel.

Het duurt nog weken voordat ik pijnvrij kan lopen. Mensen die informeren naar de oorzaak van mijn kreupelheid vertel ik over mijn bijna dodelijke zeilongeval. Denise hoort ons avontuur dat weekend hoofdschuddend aan.

'Levensgevaarlijke gekken zijn jullie. Ik kan jullie toch gewoon zeilles geven bij Ottenhome in een stabiel bootje. Je hoeft helemaal niet steeds om te slaan als je zeilt.'

O ja, waarom hadden we dat niet eerder bedacht? Al tijdens de eerste les van Denise vaar ik zonder problemen de Loosdrechtse Plassen rond in het bootje waar we ook onze zeilwedstrijden mee doen. Zie je wel? Ik kan dit gewoon! Tuurlijk kan ik dit! Ik heb de boot van Alec toch ook uren en uren zonder problemen over de Zeeuwse wateren gestuurd? Ik was dus al bevrijd, maar wist het nog niet. Het zal nog wel even duren voordat ik echt goed kan zeilen. Maar ik kan voortaan gewoon een klein zeilbootje huren en zonder ongevallen een rondje over de plas doen. Wat is dit een mooie zomer aan het worden!

Ondertussen is er weer een Woodstock-man in mijn leven opgedoken. Een kunstenaar deze keer. Wanneer Teun precies voor het laatst een kunstwerk produceerde weet hij zelf ook niet meer, want hij is al een tijdje geblokkeerd. Het voordeel is dat hij daardoor alle tijd van de wereld heeft. Met zijn camper tuft hij naar de kust aan het eind van de ongetwijfeld zware werkweken in zijn atelier in het bos. Daar bivakkeert hij dan tot maandag of dinsdag, afhankelijk van het weer. Beetje kitesurfen, beetje inspiratie opdoen, beetje chillen bij Woodstock, waar ik hem tegen het lange gebruinde lijf loop. Ik blijf een weekendje plakken in zijn camper aan het strand en dat is best lollig. Maar Teun blijft vervolgens nogal aan mij plakken. In de weekenden dat het minder mooi weer is zit hij hele dagen smachtend naar me te kijken in mijn huisje.

'Wat vind jij eigenlijk leuk aan Teun, anders dan dat hij als twee druppels water op Alec lijkt?' vraagt Yvonne.

Ik heb er eerlijk gezegd geen antwoord op. Met kunstenaars en gitaristen heb je de beste seks van je leven, dat weet ik inmiddels wel. Teun is daarop geen uitzondering. En als ik 's ochtends wakker word en hij ligt met zijn rug naar me toe denk ik soms heel even dat het Alec is, ze hebben precies dezelfde lange bruine krullen. Maar ja, Alec had een zeilboot. Teun kan niet zeilen en heeft een camper. Dat hoeft geen probleem te zijn, maar dat wordt het wel. Hij wil met dat ding door Europa zwerven, samen met mij. Want Teun denkt in mij de liefde van zijn leven gevonden te hebben. Hij is vorig jaar al eens begonnen aan een reis door Europa, maar was na drie weken alweer thuis. Hij kon de eenzaamheid niet aan. Daarin verschilt Teun dus van de zeilmiljonairs die wel doorgaan. Ik moet er werkelijk niet aan denken om met hem op pad te moeten. Een weekend Teun in mijn huis houd ik net vol. Dus ik opper om misschien eens te starten met twee weekjes kamperen. Dan rijden we langs de kust van België en Bretagne en kijken we of we daar ergens op een boot kunnen stappen om een paar dagen rond de Kanaaleilanden te zeilen. Na enig morren van twee kanten kunnen we ons vinden in dit compromis en we prikken een datum, begin augustus, waarop we zullen vertrekken. Teun gaat voor die tijd een weekje op reis met zijn familie. In die week ben ik zo opgelucht dat hij niet in mijn haar zit dat ik besluit het hele avontuur af te blazen. Ik wil niet met een man voor wie ik niks voel en met wie ik niet langer dan vijf minuten een gesprek kan hebben urenlang in een camper zitten. De hele affaire vliegt me eigenlijk al weken aan. Ik wil vrij zijn. Ik wil niet dat een ander afhankelijk is van mij voor zijn levensgeluk. Want Teun denkt dat hij zonder mij niet verder kan leven. Teun blijft aan mijn been hangen als een dreinend kind in de supermarkt. Ik schud hem van me af en besluit te gaan zeilen.

En zo stap ik in Alicante aan boord van de Cherokee. Boots-man Ed – die eruitziet als een knappe blonde Gooise ten-nisleraar – en medepassagier Michiel zwaaien al naar me als ik over de steiger kom aangelopen, met mijn doorleef-de Helly Hansen-zeiltas op wieltjes nonchalant achter me aan. Ik bekijk de Cherokee eens goed, het vijftigvoets zeil-jacht waarop ik de komende tijd ga verblijven. De romp is in een merkwaardige kleur babyblauw geschilderd. Het lijkt wel een drijvende beschuit met muisjes. Later vertelt de ei-genaar Jouke me dat hij moeite heeft met kleuren en dat hij daardoor bijna zijn droom als kapitein had moeten laten va-ren. Kleurenblind zijn mag niet op de beroepsvaart, want je moet de rode en groene boeien uit elkaar kunnen houden. Jouke vond gelukkig een oogarts die hem goedkeurde, zodat hij alsnog zijn examens van de zeevaartschool kon halen en een boot kocht. Het verklaart in elk geval waarom hij nu in jongensbabykamerblauw over de zeeën vaart; hij denkt dat zijn schip prachtig azuur is. De naam van zijn boot – Cherokee – begrijp ik wel direct. Jouke ziet er, anders dan zijn naam doet vermoeden, uit als een indiaan. Met lang donker krullend haar dat hij vaak in een soort ingewikkelde knot draagt. Om zijn tanige indianenlijf wappert meestal linnen kleding. Hij leeft met de natuur, eet geen vlees, drinkt rare thee en organiseert met regelmaat yogazeilreizen. Tijdens ons eerste avondmaal informeer ik naar zijn wortels en vraag hem of hij indianenbloed heeft. Hij kijkt me stuurs aan. Dat heeft nog nooit iemand hem gevraagd.

'Jij zegt alles wat je denkt, hè?' constateert hij.

Ik zie dat hij mij een beetje eng vindt. Hij voelt aan alles dat ik het zorgvuldige systeem aan boord ga verstoren en daar maakt hij zich nu al zorgen over, terwijl we nog geen meter hebben gevaren. Jouke noemt zichzelf trots een autist. Op de deuren van alle laatjes en kastjes aan boord zitten keurige stickers geplakt waarop staat wat erin zit opgeborgen. Hij maakt er tijdens het instructiepraatje dat wij op de eerste avond krijgen een punt van om uitvoerig uit te leggen dat de ontbijtmessen NOOIT bij de dinermessen in het laatje mogen na het afdrogen. Om ons daarbij te helpen heeft hij op de binnenkant van het kastdeurtje een omtrek getekend van een ontbijtmes.

'Handig toch, dan kunnen jullie geen fouten maken,' lacht hij ons tevreden toe.

Zijn lachje doet mij vermoeden dat er iets heel ergs zwaait als ik per ongeluk toch een mes verkeerd opberg. Ik krijg niet eens de kans om daarachter te komen. Als ik de volgende ochtend na het ontbijt terugkeer van de douche in de haven staat Jouke al op me te wachten bij de loopplank.

'Ik ben misschien niet helemaal duidelijk geweest gisteren, maar wij vragen dus wel enige zelfredzaamheid van onze gasten. Michiel heeft nu in zijn eentje de afwas moeten doen omdat jij ging douchen terwijl het ontbijt nog op tafel stond.'

Zijn donkere ogen kijken me geërgerd aan. Ik pruttel iets over drukte in de kajuit en dat ik wilde afwassen na het douchen. Maar dat verstoort het ritme aan boord. *Ordnung muss sein*. Op dit schip wassen we direct na het ontbijt af en varen we uit. Als ik wil douchen in de jachthaven doe ik dat maar voor het ontbijt. Ay ay, kapitein. Onze eerste vaardag verloopt sowieso anders dan ik had verwacht. Wat 's ochtends nog een heerlijk miezerbuitje leek – welkom na de hete dag van gisteren –, verandert zodra we de haven uit zijn in een enorme plensbui die uren aanhoudt. Onze schipper is in zijn element. Met zijn gedegen zeilpak aan, dat ook geschikt lijkt voor een Noordpoolexpeditie, heeft hij nergens last van. Ik klappertand na een uur al in mijn regenbroek en kekke zeiljack dat wel hip, maar niet zo waterdicht blijkt. Meewarig zie ik Jouke naar me kijken. Onvoorbereide gasten, hij kan er niet over uit. Ik trek me de rest van de middag maar terug in mijn hut om een beetje op te warmen en te voorkomen dat ik nog meer fouten maak. Aangekomen in de haven gaat de kapitein ons inchecken en kondigt aan dat er daarna een 'family meeting' is waarbij we allemaal aanwezig moeten zijn. Ik maak me nu al zorgen. En dat blijkt terecht. Jouke is teruggekeerd met sleutels van de douches en we krijgen een uitleg over borg die ingenomen wordt als er een sleutel kwijtraakt. Ik zie aan zijn gezichtsuitdrukking dat hij mij al bij voorbaat veroordeeld heeft. Hij wijst mij erop dat ik mijn slippers in de kuip heb laten slingeren. Dat is gevaarlijk. Had ik trouwens niet in de brochure gelezen dat slippers sowieso niet zijn toegestaan aan boord? En hij heeft al twee keer het kastdeurtje in mijn badkamer dicht moeten doen. Of ik daar even op wil letten voortaan. O, en er valt zand uit mijn tas, zal hij mij even het stoffer en blik wijzen? En hoorde hij vannacht goed dat ik het handpompje waarmee je de boord-wc doortrekt maar veertien keer heen en weer bewoog in plaats van de voorgeschreven vijftien keer? Ja, daar wordt hij wakker van. O boy, dit gaat een lange reis worden. De volgende ochtend tijdens de afwas kom ik erachter dat het systeem van Jouke werkt. Hij vaart al vijf jaar met gasten op zijn bijna vijftien jaar oude boot. Maar alles aan boord is in perfecte conditie. Er is nog geen theekopje met een oortje eraf. Ik zeg hem dat dit de best verzorgde boot is waar ik ooit op verbleef en hij kijkt stralend naar me terwijl ik per ongeluk een mes bij de vorken gooi. Jouke is een serieuze vakman en al snel ga ik dat waarderen. Veel schippers zijn midlifecrisisslachtoffers die van hun hobby hun beroep maakten. Jouke koos al op jonge leeftijd weloverwogen voor het beroep van charterkapitein. Zijn vader doet dit werk ook al bijna vijftig jaar en wordt in zeilbladen geroemd om zijn kennis. Hij mag trots zijn op zijn zoon, die met grote rust en kundigheid over de Europese zeeën vaart. Zijn autisme blijkt gelukkig ook beperkt te blijven tot zijn behoefte aan orde in de keukenkastjes. Jouke is een geduldige leraar voor bootsman Ed, die in de toekomst samen met zijn broer in Italië met een eigen boot wil gaan charteren. Hij is deze zomer mee op de Cherokee om te leren.

Ed is geen geboren zeiler zoals Jouke, maar ook niet het prototype midlifecrisiszeerover dat je veel aantreft op de charterzeilboten in de Middellandse Zee. Ed slaat zijn midlifecrisis gewoon over. Hij leeft nu, op zijn dertigste, nog altijd als een student. Woont met huisgenoten en heeft minimaal elke maand een ander vriendinnetje.

'Waarom zou ik er langer dan een maand mee doorgaan als er nog zoveel andere leuke meisjes zijn?' is zijn eerlijke redenering.

Eerlijk en puur, die woorden typeren Ed het beste. Hij schaamt zich niet voor zijn enthousiasme als er een dolfijn langs de boot zwemt. Dan spurt hij over het dek naar de punt waar hij heen en weer springt om de aandacht van het beest te trekken.

'Kom maar bij Eddie,' fleemt hij alsof hij een eendje lokt bij de vijver in het park. Zijn gejoel als Flipper hem het plezier doet om even een sprongetje te maken voor de boeg kunnen de kustbewoners twee zeemijlen verderop vast ook horen. Toen ik aan boord kwam was Ed er al vijf weken.

'Zijn er zo weinig dolfijnen hier dat Ed er nu pas een ziet?' vraag ik verbaasd aan Jouke.

'Neuh, zo doet hij elke keer, ik denk dat hij al te lang geen seks meer heeft gehad,' is het droge commentaar van de kapitein.

Hij fantaseert hardop over zijn verdenking dat Ed 's nachts een fender – zo'n blauwe ballon die ter bescherming aan de zijkant van de boot hangt – waarop hij een dolfijnengezichtje heeft getekend, meeneemt in zijn hut. Ed lacht vrolijk mee om onze flauwe grapjes terwijl hij Flipper entertaint en nog een sprongetje voordoet aan dek.

Toch blijkt hij meer diepgang te hebben dan je op het eerste gezicht van zijn blije bruinverbrande hoofd afziet. Tijdens het snijden van de groente voor het avondmaal na de tweede zeildag hebben we een openhartig gesprek in de kombuis. Ed blijkt hard geraakt door de liefde. Hij schrikt van zijn openheid hierover.

'Jeetje, dit weten niet veel mensen van me, hoor!' roept hij nadat hij me vertelt hoe er een pijnlijk einde kwam aan zijn liefde voor een mooi, maar onbetrouwbaar Duits meisje. Hij was er een jaar helemaal kapot van en kon zelfs niet genieten tijdens de vakantie in zijn geliefde Italië. Liefdesverdriet is dus veel universeler dan ik dacht. Falen in de liefde overkomt ook knappe, sociaal behendige jongens als Ed. Het is niet voorbehouden aan vrouwen die na hun veertigste nog moeten ontdekken hoe liefde werkt.

De volgende dag maak ik tijdens de dagelijkse 'family meeting' een halfgemeend grapje dat ik een beetje bang voor onze kapitein ben omdat ik steeds het gevoel heb dat ik het stoutste meisje van de kleuterklas ben. Terwijl ik toch echt wel mijn best doe, ik ben hier tien keer netter dan thuis. Jouke komt even later met een geheimzinnig pakje aan boord. Tijdens de theepauze op zee haalt hij er vier felgekleurde taartjes uit. Een indianenzoenoffer. Deze man begrijpt hoe je vrouwen weer op hun gemak moet stellen, zoveel is duidelijk. Later legt hij me uit dat hij de wisseldag altijd vreselijk vindt. Je bent net helemaal gewend aan de groep aan boord en dan gaan ze weer en komt er een nieuwe meute zijn domein in, die hij alles weer van voren af aan moet bijbrengen. Maar vanaf het taartjesmoment is hij helemaal in zijn hum. Elke ochtend komt hij met de meest stralende glimlach die ik ooit zag zijn hut uit en knalt zijn favoriete salsa-cd in de speler. Duitse salsa helaas.

'*Guten Morgen, Guten Morgen, Guten Morgen Sonnenschein*,' blèrt een Duitse mevrouw door de boot terwijl onze schipper zijn heupen losgooit tijdens het koffiezetten. Zijn dag kan dan al niet meer stuk. Zeker als hij – zoals elke ochtend – toelicht dat de muziekkeuze aan boord geen democratisch proces is. Sommige dingen zijn nu eenmaal aan de kapitein voorbehouden. Zo ook de route. Jouke heeft een mooi parcours uitgestippeld waarin we soms de nachten doorbrengen in prachtige havens, zoals het historische Cartagena. De haven ligt heel beschut met twee lange rotsachtige armen die een eind de zee in steken. Jouke wijst ons op de parkeerboxen voor onderzeeboten die uit de rotsen zijn gehakt, een wonderlijk gezicht. Deze plek in Spanje ligt strategisch en is daarom een belangrijke oorlogshaven. Onze kapitein kan uren uitweiden over de forten die we passeren, over de rol van Cartagena in het Romeinse rijk, over de Berberse kapers die leerden zeilen en zeerovers werden die de Spaanse en Portugese kustplaatsen overvielen om slaven te maken. Zo weet Jouke in elke haven de historie tot leven te brengen, waardoor je met andere ogen naar de Costa del Sol kijkt. We overnachten ook in stille baaien waar we voor anker gaan. Vlak bij Águilas varen we naar een bijzonder strandje, een soort hippieparadijs. Dit strand ligt aan de voet van een hoge grillige rots en is alleen bereikbaar per boot of na een urenlange wandeling over een weggetje dat uit de rots is gehakt die de uitloper vormt van het verlaten woestijnachtige Andalusische achterland. Toch zien we tientallen mensen op het strandje als we aan komen zeilen. Tientallen naakte mensen. Sommigen blijken hier de hele zomer te verblijven. Er zijn wat nederzettingen gebouwd waarin ze wonen. Zonder voorzieningen. Stroom, water of sanitair is er niet. Maar het lijkt ze niet te deren. We snorkelen naar het strandje toe nadat we geankerd zijn. We worden argwanend aangekeken, als indringers met zwemkleding aan. De onofficiële burgemeester van de nederzetting blijkt een Nederlander te zijn. Zeker de helft van de mensen op het strand is Nederlands of Duits. Vrijheidszoekers die hier hun eigen blije naakte wereldje creëerden.

Na een paar uur zwemmen en zonnen snorkelen we terug naar onze babyblauwe boot om aan boord te eten en te slapen. Het wordt donker en we zitten vergenoegd in de kuip, in ons eigen paradijs. We luisteren naar Eddie Vedder, eindelijk een compromis over de muziekkeuze, maar zijn gelukkig. Met het kampvuur van de naakte hippies op de achtergrond vertel ik de mannen over mijn avonturen met eenzame en handtastelijke miljonairs en ik stel tevreden vast dat het businessmodel van de Cherokee me beter past.

'Ik betaal vierhonderd euro per week en twee knappe, vriendelijke mannen varen me overal naartoe waar ik heen wil. Ze koken voor me, geven me de meest comfortabele hut, lachen beleefd om mijn grapjes, horen mijn ellenlange verhalen zonder morren aan en blijven 's nachts netjes in hun eigen kooi. Waarom heb ik dat niet eerder bedacht in plaats van bezig te zijn met eenzame miljonairs? Ik ga gewoon boeken schrijven, zodat ik minimaal vierhonderd euro per week verdien en dan kan ik dit leven tot mijn tachtigste volhouden.'

Ed wijst me er nog op dat de Cherokee normaal voller zit, dit was toevallig een stille week met maar twee passagiers, waardoor er rust was om te schrijven en ik mijn tweepersoonshut met niemand hoefde te delen. Ik heb gewoon geluk gehad deze keer.

'Ik heb altijd geluk, Ed,' lach ik hem toe. 'Ik geloof allang niet meer in toeval.'

De volgende nacht brengen we weer in een haven door. 's Ochtends wandel ik op mijn gemak naar het douchegebouw, een lange wandeling over de steigers die vol liggen met zeilboten. Het hoogseizoen is voorbij, de meeste boten zijn verlaten. Ik ga nog langzamer slenteren en geniet van het gluren in de verschillende kuipen. Boten zijn anders dan auto's, ze verschillen allemaal van elkaar. Je kunt er uren naar kijken en je verwonderen over de keuzes die de bouwer maakte, de naam die de eigenaar ze gaf en je afvragen wat er allemaal voorviel aan boord. De ruzies, het geluk, de liefde, de eenzaamheid, de vriendschap. Al mijmerend overvalt me een enorm geluksgevoel. Ik voel het vanuit mijn tenen opkomen. Ik herken dit gevoel. Ik had het voor het laatst zo intens toen ik ruim twee jaar geleden over de steiger terugliep naar de boot en Alec blij naar me zwaaide en riep: 'Kom, lieverd, de croissantjes zijn bijna klaar, we gaan ontbijten.'

Ik dacht op dat moment dat ik nooit gelukkiger zou kunnen worden. Dat ben ik nu ook niet. Maar ik ben precies zo gelukkig. Het verdriet om het verliezen van Alec zal ik altijd met me meedragen, maar dat doet niets af aan het geluk dat ik nu voel. Ik ben tweeduizend kilometer van huis, ik ben helemaal alleen. En ik ben gelukkig, ultiem gelukkig. Dat gevoel gaat niet meer weg. Ik zit aan boord met drie mannen die ik een week geleden nog nooit had gezien en voel me totaal op mijn gemak. Dat valt me op als er later die week een vriendinnetje van Ed aan boord komt. Zij studeert in de buurt en komt een nachtje 'bijpraten'. Ik kijk naar het stralende blonde meisje dat de loopplank op komt en denk: O ja, mascara! Oorbellen! Wanneer heb ik eigenlijk mijn haar voor het laatst gewassen? Hoeveel dagen heb ik dit jurkje al aan? Het is de zoveelste bevestiging dat mijn start living-project is afgerond. Ik leef, schaamteloos en onverschrokken, en hoef mij niet meer vast te klampen aan een ander of me anders voor te doen om gelukkig te zijn.

Op de laatste zeildag wandel ik terug van een uurtje zwemmen in Mar Menor, de prachtige lagune waaraan de grote haven ligt waar we de nacht doorbrengen. Deze enorme binnenzee wordt wel het grootste zwembad ter wereld genoemd. Een strook land vormt de scheiding met de Middellandse Zee waarmee de lagune rechtstreeks verbonden is, maar omdat het water maar zeven meter diep is wordt het heerlijk warm. Het is daarom een populaire watersportplaats, waar veel wordt gezeild. In onze haven liggen zeilboten van alle afmetingen, de lagune is groot genoeg om je zeilend te vermaken zonder ooit de Middellandse Zee op te gaan, dus lang niet alle boten zijn zeewaardig zoals in de havens waar we normaal gesproken aanmeren. Ik verdwaal op weg naar onze boot en kom per ongeluk op de verkoopsteiger terecht. Mijn oog valt op het meest doddige zeilbootje dat ik ooit heb gezien. Het is een heel klein bootje, niet langer dan een meter of zes, schat ik. Maar het probeert heel dapper eruit te zien als een echt, volwassen zeiljacht. Het heeft een kajuitje, ondanks de geringe lengte. Ik stap nieuwsgierig even aan boord en gluur naar binnen. Het is zo klein dat je er niet met twee personen in kunt, denk ik. Ik zie een pietepeuterig klein keukenblokje, met een wasbakje en een fornuis met twee gaspitten. In de punt van de kajuit is een bed gemaakt dat er zelfs comfortabel genoeg uitziet voor twee personen, op voorwaarde dat ze veel van elkaar houden. En ik zie in de hoek naast het deurtje een chemisch toilet staan. Lachend ga ik even in de kuip van dit kleine stoere bootje zitten. Ik pak het roer vast en stel me voor dat ik er een rondje mee zou zeilen over deze grote binnenzee. Ik denk dat ik dat zou kunnen. Ja, waarom niet? Dit bootje doet wel zijn best om zich te vermommen als een zeewaardig zeiljacht, maar het is kleiner dan de open bootjes waarmee ik thuis in Loosdrecht al zelfstandig een rondje over de plas kan zeilen. Dit jachtje vaart zelfs makkelijker, bedenk ik me als ik naar de rolfok kijk. Die kun je eenvoudig in je eentje in- en uitrollen. En ook het grootzeil dat in de giek is gerold is heel eenvoudig te bedienen. Ik houd de helmstok van het roer nog altijd vast en buk naar de lijnen van het grootzeil. Ja, daar kan ik makkelijk bij. Wat zal dit bootje kosten? vraag ik me af. Het kan nooit heel erg veel zijn. Ik buig over de achtersteven om te zien of er een merknaam op staat. O, het is een Jeanneau. Wat grappig zeg, Jeanneau maakt dus ook miniatuurzeiljachtjes. Ik voel me helemaal thuis op dit bootje. Ik moet me inhouden om de trossen niet los te gooien en er een stukje mee weg te zeilen. Ik zie het al helemaal voor me. Hoe heerlijk moet het zijn om dit bootje te bezitten en gewoon te kunnen gaan zeilen wanneer je wilt? Zo lang je maar wilt. Want alles is aan boord om dagen, misschien zelfs weken weg te blijven. Het is misschien wat primitief met dat kleine keukentje en een chemisch toilet, maar ik heb inmiddels genoeg ervaring met overnachten en douchen in havens. Ik ben blij met het kleinste beetje comfort dat ik even mee kan pikken. Ik heb niet meer zoveel nodig. Ik ben inmiddels al jaren aan het denken en dromen over lange zeilreizen en realiseer me nu, zittend in de kuip van dit kleine bootje, dat ik gewoon morgen weg kan zeilen. En kan gaan leven als Jarmund.

Verantwoording

Dit boek is losjes gebaseerd op mijn eigen leven, maar feiten en fictie lopen door elkaar heen. Sommige mensen hielden hun eigen naam omdat ze precies zo zijn als door mij beschreven.

Sommige personages en gebeurtenissen zijn samengesteld uit verschillende mensen die ik ontmoette en dingen die ik meemaakte, her en der wat aangepast of aangevuld als ik mijn fantasie de vrije teugel gaf. Misschien zijn er mensen die zich in delen denken te herkennen, maar elke overeenkomst met bestaande personen, gebeurtenissen, plaatsen of entiteiten berust op louter toeval. Voor deze personages en gebeurtenissen geldt dat zij fictief zijn en dat bestaande personen hiervoor niet mogen worden aangezien.